Bucătăria Fără Sodiu

Descoperă Savorile Delicioase prin Rețete cu Conținut Redus de Sodiu

Ana Popescu

Fericit

Supă de păstrăv și morcovi 12

Tocană de curcan și fenicul 13

supa de vinete 14

crema de cartofi dulci 15

Supă de pui și ciuperci 16

tigaie cu somon 17

Salată de cartofi 18

Caserola cu carne tocata de vita si rosii 20

Salată de creveți și avocado 21

Crema de broccoli 22

Supă de varză 23

Supă de țelină și conopidă 24

Supă de porc și praz 25

Creveți cu salată de mentă și broccoli 26

Supă de creveți și cod 28

Amestecul de creveți și ceapă 29

tocană de spanac 30

Mix de conopidă curry 31

Tocană de morcovi și dovlecei 32

Tocană de varză și fasole verde 33

Supa de ciuperci 34

carne de porc chili 35

Salată de ciuperci cu piper și somon 36

Un amestec de năut și cartofi 37

Amestecul de pui cu cardamom 38

linte chili 40

andive de rozmarin 41

andive de lamaie 42

pesto de sparanghel 43

morcov boia 44

caserolă cremoasă de cartofi 45

varză de susan 46

broccoli cu coriandru 47

chili varza de Bruxelles 48

Amestecul de varză de Bruxelles și ceapă verde 49

piure de conopidă 50

salata de avocado 51

salata de ridichi 52

salata de andive 53

Un amestec de măsline și porumb 54

Salată de rucola și nuci de pin 55

migdale si spanac 56

Salată de fasole verde și porumb 57

Salată de andive și varză 58

mâncăm salată 59

Salată de struguri și avocado 60

Amestecul de vinete cu oregano 61

amestec de roșii prăjite 62

ciuperci de cimbru 63

Tocană de spanac și porumb 64

Puneți porumbul și arpagicul 65

- Salată de spanac și mango 66
- cartof mustar 67
- Varza de Bruxelles de cocos 68
- morcov salvie 69
- Usturoi și ciuperci de porumb 70
- pesto de fasole verde 71
- roșie tarhon 72
- Sfecla Migdale 73
- Roșii mentă și porumb 74
- Sos de dovlecel și avocado 75
- Amestecul de mere și varză 76
- sfeclă roșie prăjită 77
- varză de mărar 78
- Salata de varza si morcovi 79
- Sos de rosii si masline 80
- Salata de dovlecel 81
- Salată de morcovi cu curry 82
- Salată verde și sfeclă 83
- ridichi de plante 84
- Mix de fenicul prăjit 85
- ardei copti 86
- Curmal și tocană de varză 87
- amestec de fasole neagră 88
- Un amestec de măsline și andive 89
- Salată de roșii și castraveți 90
- Salata de ardei si morcovi 91
- Un amestec de fasole neagră și orez 92

Un amestec de orez și conopidă	93
amestec de fasole balsamică	94
sfeclă roșie cremoasă	95
Amestecul de avocado și piper	96
Cartofi dulci prăjiți și sfeclă roșie	97
varză fiertă	98
morcovi condimentati	99
anghinare cu lamaie	100
Broccoli, fasole și orez	101
Mix de dovleac prăjit	102
sparanghel cremos	103
Mix de busuioc de napi	104
Un amestec de orez și capere	105
Un amestec de spanac și varză	106
Mix de creveți și ananas	107
Somon și măsline verzi	108
somon și fenicul	109
cod si sparanghel	110
creveți condimentați	111
biban de mare și roșii	112
creveți și fasole	113
Amestecul de creveți și hrean	114
Salată de creveți și tarhon	115
codfish parmigiana	116
Mix de tilapia și ceapă roșie	117
salata de pastrav	118
păstrăv balsamic	119

patrunjel patrunjel 120

Salata de pastrav si legume 121

somon șofran 122

Salată de creveți și pepene verde 123

Salată de creveți cu oregano și quinoa 124

salata de crabi 125

scoici balsamic 126

Mix cremos de talpă 127

Mix picant de somon și mango 128

Amestecul de mărar de creveți 129

Pate de somon 130

creveți cu anghinare 131

Creveți cu sos de lămâie 132

Un amestec de ton și portocale 133

curry de somon 134

Amestecul de somon și morcovi 135

Mix de creveți și nuci de pin 136

Cod cu ardei si fasole verde 137

scoici de usturoi 138

Mix cremos de biban de mare 139

Un amestec de biban de mare și ciuperci 140

supa de somon 141

Creveți Nucșoară 142

Mix de creveți și fructe roșii 143

păstrăv lamaie copt 144

Arpagic Scoici 145

cotlete de ton 146

tigaie cu somon 147

amestec de cod cu mustar 148

Mix de creveți și sparanghel 149

cod și mazăre 150

Boluri cu creveți și midii 151

crema de menta 152

budincă de zmeură 153

batoane de migdale 154

amestec de piersici prăjite 155

Tort cu nuci 156

Plăcintă cu mere 157

crema de scortisoara 158

Mix cremos de căpșuni 159

Brownies cu vanilie și nuci pecan 160

tort de capsuni 161

budinca de cacao 163

Crema de vanilie cu nucsoara 164

crema de avocado 165

crema de zmeura 166

salata de pepene verde 167

Amestec de pere și nucă de cocos 168

Dulceata de la Apple 169

tocană de caise 170

Amestec de lămâie cantalup 171

crema cremoasa de rubarba 172

boluri cu ananas 173

tocană de afine 174

Budincă de lămâie 175

crema de piersici.. 176

Amestec de scorțișoară și prune 177

Mere Chia și Vanilie 178

Budincă de orez și pere 179

tocană de rubarbă 180

crema de rubarba 181

salata de afine 182

Crema de curmale si banane 183

chifle cu prune 184

Boluri cu prune uscate și stafide 185

batoane de floarea soarelui... 186

Boluri cu afine și caju 187

Boluri cu portocale și mandarine 188

Crema de dovleac 189

Un amestec de smochine și rubarbă 190

banane picante 191

cocktail de cacao 192

batoane cu banane 193

Batoane cu ceai verde și curmale 194

crema de nuca 195

Tort cu lamaie... 196

batoane cu stafide 197

pătrate de nectarine 198

tocană de struguri 199

crema de mandarine si prune 200

Crema de cirese si capsuni 201

Nucă de cardamom și budincă de orez 202

pâine de pere 203

Budincă de orez și cireșe 204

tocană de pepene verde 205

budincă de ghimbir 206

crema de caju 207

prăjituri de cânepă 208

Boluri cu migdale și rodii 209

Pulpe de pui si legume rozmarin 210

Pui cu morcovi și varză 212

Sandviș cu vinete și curcan 213

Supă de păstrăv și morcovi

Timp de preparare: 10 minute
Timp de gătire: 25 minute
Porții: 4

Ingrediente:
- 1 ceapa galbena, tocata
- 12 căni de bulion de pește cu conținut scăzut de sodiu
- 1 kilogram de morcovi, feliați
- 1 kg file de păstrăv, dezosați, fără piele și tăiați cubulețe
- 1 lingura boia dulce
- 1 cană de roșii, tăiate cubulețe
- 1 lingura ulei de masline
- piper negru după gust

Instrucțiuni:
1. Se incinge o tigaie cu ulei de masline la foc mediu, se adauga ceapa, se amesteca si se caleste 5 minute.
2. Adăugați peștele, morcovii și alte ingrediente, aduceți la fiert și fierbeți la foc mediu timp de 20 de minute.
3. Împărțiți supa în boluri și serviți.

Nutriție: calorii 361, grăsimi 13,4, fibre 4,6, carbohidrați 164, proteine 44,1

Tocană de curcan și fenicul

Timp de preparare: 10 minute
Timp de gătire: 45 de minute
Porții: 4

Ingrediente:
- 1 piept de curcan fără piele, dezosat, tăiat cuburi
- 2 bulbi de fenicul tocat
- 1 lingura ulei de masline
- 2 foi de dafin
- 1 ceapa galbena, tocata
- 1 cana rosii conservate, nesarate
- 2 bulion de vită cu conținut scăzut de sodiu
- 3 catei de usturoi, tocati
- piper negru după gust

Instrucțiuni:
1. Se incinge o tigaie cu ulei la foc mediu, se adauga ceapa si carnea si se calesc 5 minute.
2. Adăugați feniculul și alte ingrediente, aduceți la fierbere și gătiți la foc mediu timp de 40 de minute, amestecând din când în când.
3. Împărțiți tocanita între boluri și serviți.

Nutriție: Calorii 371, grăsimi 12,8, fibre 5,3, carbohidrați 16,7, proteine 11,9

supa de vinete

Timp de preparare: 10 minute
Timp de preparare: 30 minute
Porții: 4

Ingrediente:
- 2 vinete mari, feliate grosier
- 1 litru de bulion de legume cu conținut scăzut de sodiu
- 2 linguri pasta de rosii nesarata
- 1 ceapa rosie, tocata
- 1 lingura ulei de masline
- 1 lingura coriandru, tocat
- Un praf de piper negru

Instrucțiuni:
1. Se incinge o tigaie cu ulei de masline la foc mediu, se adauga ceapa, se amesteca si se caleste 5 minute.
2. Adaugam vinetele si celelalte ingrediente, punem la foc mediu, fierbem 25 de minute, impartim in boluri si servim.

Nutriție: Calorii 335, grăsimi 14,4, fibre 5, carbohidrați 16,1, proteine 8,4

crema de cartofi dulci

Timp de preparare: 10 minute
Timp de gătire: 25 minute
Porții: 4

Ingrediente:
- 4 căni de bulion de legume
- 2 linguri de ulei de avocado
- 2 cartofi dulci, curatati si taiati cubulete
- 2 cepe galbene, tocate
- 2 catei de usturoi, tocati
- 1 cană lapte de cocos
- Un praf de piper negru
- ½ lingurita busuioc, tocat

Instrucțiuni:
1. Se incinge o tigaie cu ulei de masline la foc mediu, se adauga ceapa si usturoiul, se amesteca si se calesc 5 minute.
2. Adăugați cartofii dulci și alte ingrediente, aduceți la fiert și fierbeți la foc mediu timp de 20 de minute.
3. Se face piure supa cu un blender de imersie, se toarnă în boluri și se servește la prânz.

Nutriție: Calorii 303, grăsimi 14,4, fibre 4, carbohidrați 9,8, proteine 4,5

Supă de pui și ciuperci

Timp de preparare: 10 minute
Timp de preparare: 30 minute
Porții: 4

Ingrediente:

- 1 litru bulion de legume, sodiu scăzut
- 1 lingura de ghimbir, ras
- 1 ceapa galbena, tocata
- 1 lingura ulei de masline
- 1 kilogram de piept de pui fără piele, dezosat, tăiat cubulețe
- ½ kilogram de ciuperci albe feliate
- 4 ardei thailandezi tocați
- ¼ cană suc de lămâie
- ¼ cană coriandru, tocat
- Un praf de piper negru

Instrucțiuni:

1. Se incinge o tigaie cu ulei de masline la foc mediu, se adauga ceapa, ghimbirul, ardeiul gras si carnea, se amesteca si se calesc 5 minute.
2. Adăugați ciupercile, amestecați și gătiți încă 5 minute.
3. Adăugați restul ingredientelor, aduceți la fiert și fierbeți la foc mediu încă 20 de minute.
4. Împărțiți supa în boluri și serviți imediat.

Nutriție:Calorii 226, grăsimi 8,4, fibre 3,3, carbohidrați 13,6, proteine 28,2

tigaie cu somon

Timp de preparare: 10 minute
Timp de preparare: 20 de minute
Porții: 4

Ingrediente:
- 4 fileuri de somon dezosate
- 3 catei de usturoi, tocati
- 1 ceapa galbena, tocata
- piper negru după gust
- 2 linguri de ulei de măsline
- suc de 1 lime
- 1 lingura coaja de lamaie, rasa
- 1 lingura de cimbru, tocat

Instrucțiuni:
1. Se incinge o tigaie cu ulei de masline la foc mediu, se adauga ceapa si usturoiul, se amesteca si se calesc 5 minute.
2. Adăugați peștele și gătiți timp de 3 minute pe fiecare parte.
3. Adăugați ingredientele rămase, fierbeți totul încă 10 minute, împărțiți în farfurii și serviți la prânz.

Nutriție: Calorii 315, grăsimi 18,1, fibre 1,1, carbohidrați 4,9, proteine 35,1

Salată de cartofi

Timp de preparare: 10 minute
Timp de preparare: 20 de minute
Porții: 4

Ingrediente:
- 2 rosii tocate
- 2 avocado, fără sâmburi și feliate
- 2 cesti baby spanac
- 2 arpagic tocat
- 1 kg de cartofi rumeniți, fierți, curățați și tăiați felii
- 1 lingura ulei de masline
- 1 lingura suc de lamaie
- 1 ceapa galbena, tocata
- 2 catei de usturoi, tocati
- piper negru după gust
- 1 legătură de coriandru, tocat

Instrucțiuni:
1. Se incinge o tigaie cu ulei de masline la foc mediu, se adauga ceapa, arpagicul si usturoiul, se amesteca si se calesc 5 minute.
2. Adăugați cartofii, amestecați ușor și gătiți încă 5 minute.
3. Adăugați restul ingredientelor, amestecați, gătiți la foc mediu încă 10 minute, împărțiți în boluri și serviți la prânz.

Nutriție: Calorii 342, grăsimi 23,4, fibre 11,7, carbohidrați 33,5, proteine 5

Caserola cu carne tocata de vita si rosii

Timp de preparare: 10 minute
Timp de preparare: 20 de minute
Porții: 4

Ingrediente:
- 1 kilogram de carne de vită tocată
- 1 ceapa rosie, tocata
- 1 lingura ulei de masline
- 1 cană de roșii cherry, tăiate la jumătate
- ½ ardei roșu, tocat
- piper negru după gust
- 1 lingura de usturoi, tocat
- 1 lingura rozmarin, tocat
- 3 linguri supă de vită cu conținut scăzut de sodiu

Instrucțiuni:
1. Se incinge o tigaie cu ulei de masline la foc mediu, se adauga ceapa si ardeiul gras, se amesteca si se calesc 5 minute.
2. Adăugați carnea, amestecați și gătiți încă 5 minute.
3. Adăugați celelalte ingrediente, amestecați, gătiți timp de 10 minute, împărțiți în boluri și serviți la prânz.

Nutriție: Calorii 320, grăsimi 11,3, fibre 4,4, carbohidrați 18,4, proteine 9

Salată de creveți și avocado

Timp de preparare: 5 minute
Timp de preparare: 0 minute
Porții: 4

Ingrediente:
- 1 portocala, curatata si taiata felii
- 1 kilogram de creveți, fierți, curățați și eviscerați
- 2 cesti pui de rucola
- 1 avocado, fără sâmburi, decojit și tocat
- 2 linguri de ulei de măsline
- 2 linguri de otet balsamic
- ½ suc de portocale
- sare si piper negru

Instrucțiuni:
1. Amestecați creveții cu portocalele și alte ingrediente într-un bol de salată, amestecați și serviți la prânz.

Nutriție: Calorii 300, grăsimi 5,2, fibre 2, carbohidrați 11,4, proteine 6,7

Crema de broccoli

Timp de preparare: 10 minute
Timp de gătire: 40 de minute
Porții: 4

Ingrediente:
- 2 kilograme de buchete de broccoli
- 1 ceapa galbena, tocata
- 1 lingura ulei de masline
- piper negru după gust
- 2 catei de usturoi, tocati
- 3 căni de bulion de vită cu conținut scăzut de sodiu
- 1 cană lapte de cocos
- 2 linguri coriandru, tocat

Instrucțiuni:
1. Se incinge o tigaie cu ulei de masline la foc mediu, se adauga ceapa si usturoiul, se amesteca si se calesc 5 minute.
2. Adăugați broccoli și celelalte ingrediente, cu excepția laptelui de cocos, aduceți la fiert și fierbeți la foc mediu încă 35 de minute.
3. Bateți supa într-un blender, adăugați laptele de cocos, bateți din nou, împărțiți în boluri și serviți.

Nutriție: Calorii 330, grăsimi 11,2, fibre 9,1, carbohidrați 16,4, proteine 9,7

Supă de varză

Timp de preparare: 10 minute
Timp de gătire: 40 de minute
Porții: 4

Ingrediente:
- 1 cap mare de varza verde, tocata grosier
- 1 ceapa galbena, tocata
- 1 lingura ulei de masline
- piper negru după gust
- 1 praz tocat
- 2 căni de roșii conservate, cu conținut scăzut de sodiu
- 4 căni supă de pui, cu conținut scăzut de sodiu
- 1 lingura coriandru, tocat

Instrucțiuni:
1. Se incinge o tigaie cu ulei de masline la foc mediu, se adauga ceapa si prazul, se amesteca si se calesc 5 minute.
2. Adăugați varza și alte ingrediente, cu excepția coriandrului, aduceți la fierbere și gătiți la foc mediu timp de 35 de minute.
3. Se pune supa în boluri, se presară deasupra coriandru și se servește.

Nutriție: Calorii 340, grăsimi 11,7, fibre 6, carbohidrați 25,8, proteine 11,8

Supă de țelină și conopidă

Timp de preparare: 10 minute
Timp de gătire: 40 de minute
Porții: 4

Ingrediente:
- 2 kilograme de buchețe de conopidă
- 1 ceapa rosie, tocata
- 1 lingura ulei de masline
- 1 cană de piure de roșii
- piper negru după gust
- 1 cana telina, tocata
- 6 căni de bulion de pui cu conținut scăzut de sodiu
- 1 lingură mărar, tocat

Instrucțiuni:
4. Se incinge o tigaie cu ulei de masline la foc mediu, se adauga ceapa si telina, se amesteca si se calesc 5 minute.
5. Adăugați conopida și alte ingrediente, aduceți la fierbere și fierbeți la foc mediu încă 35 de minute.
6. Împărțiți supa în boluri și serviți.

Nutriție: Calorii 135, grăsimi 4, fibre 8, carbohidrați 21,4, proteine 7,7

Supă de porc și praz

Timp de preparare: 10 minute
Timp de gătire: 40 de minute
Porții: 4

Ingrediente:
- 1 kg de tocană de porc, tăiată cubulețe
- piper negru după gust
- 5 praz tocat
- 1 ceapa galbena, tocata
- 2 linguri de ulei de măsline
- 1 lingura patrunjel, tocat
- 6 căni de bulion de vită cu conținut scăzut de sodiu

Instrucțiuni:
4. Se incinge o tigaie cu ulei de masline la foc mediu, se adauga ceapa si prazul, se amesteca si se calesc 5 minute.
5. Adăugați carnea, amestecați și gătiți încă 5 minute.
6. Adăugați restul ingredientelor, aduceți la fiert și fierbeți la foc mediu timp de 30 de minute.
7. Împărțiți supa în boluri și serviți.

Nutriție: Calorii 395, grăsimi 18,3, fibre 2,6, carbohidrați 18,4, proteine 38,2

Creveți cu salată de mentă și broccoli

Timp de preparare: 5 minute
Timp de preparare: 20 de minute
Porțíi: 4

Ingrediente:
- 1/3 cană bulion de legume cu conținut scăzut de sodiu
- 2 linguri de ulei de măsline
- 2 cesti buchetele de broccoli
- 1 kg de creveți, curățați și eviscerați
- piper negru după gust
- 1 ceapa galbena, tocata
- 4 roșii cherry tăiate în jumătate
- 2 catei de usturoi, tocati
- Suc de ½ lămâie
- ½ cană măsline kalamata, fără sâmburi și tăiate la jumătate
- 1 lingura de menta, tocata

Instrucțiuni:
1. Se incinge o tigaie cu ulei de masline la foc mediu, se adauga ceapa si usturoiul, se amesteca si se calesc 3 minute.
2. Adăugați creveții, amestecați și gătiți încă 2 minute.
3. Adăugați broccoli și alte ingrediente, amestecați, gătiți totul timp de 10 minute, împărțiți în boluri și serviți la prânz.

Nutriție: calorii 270, grăsimi 11,3, fibre 4,1, carbohidrați 14,3, proteine 28,9

Supă de creveți și cod

Timp de preparare: 10 minute
Timp de preparare: 20 de minute
Porții: 4

Ingrediente:

- 1 litru de supă de pui cu conținut scăzut de sodiu
- ½ kg de creveți, curățați și eviscerați
- ½ kg de fileuri de cod, dezosate, fără piele și tăiate cubulețe
- 2 linguri de ulei de măsline
- 2 lingurițe de pudră de chili
- 1 lingurita boia dulce
- 2 salote tocate
- Un praf de piper negru
- 1 lingură mărar, tocat

Instrucțiuni:

1. Se încălzește o tigaie cu ulei de măsline la foc mediu, se adaugă șalota, se amestecă și se călește timp de 5 minute.
2. Adăugați creveții și codul și gătiți încă 5 minute.
3. Adăugați restul ingredientelor, aduceți la fiert și fierbeți la foc mediu timp de 10 minute.
4. Împărțiți supa în boluri și serviți.

Nutriție: Calorii 189, grăsimi 8,8, fibre 0,8, carbohidrați 3,2, proteine 24,6

Amestecul de creveți și ceapă

Timp de preparare: 10 minute
Timp de preparare: 10 minute
Porții: 4

Ingrediente:
- 2 kg de creveți, curățați și eviscerați
- 1 cană de roșii cherry, tăiate la jumătate
- 1 lingura ulei de masline
- 4 cepe verde, tocate
- 1 lingura otet balsamic
- 1 lingura de usturoi, tocat

Instrucțiuni:
1. Se incinge o tigaie cu ulei de masline la foc mediu, se adauga ceapa si rosiile cherry, se amesteca si se calesc 4 minute.
2. Adaugati crevetii si alte ingrediente, gatiti inca 6 minute, impartiti in farfurii si serviti.

Nutriție: Calorii 313, grăsimi 7,5, fibre 1, carbohidrați 6,4, proteine 52,4

tocană de spanac

Timp de preparare: 10 minute
Timp de preparare: 15 minute
Porții: 4

Ingrediente:
- 1 lingura ulei de masline
- 1 lingurita de ghimbir, ras
- 2 catei de usturoi, tocati
- 1 ceapa galbena, tocata
- 2 rosii tocate
- 1 cana rosii conservate, nesarate
- 1 lingurita de chimion, macinat
- Un praf de piper negru
- 1 cană bulion de legume cu conținut scăzut de sodiu
- 2 kg frunze de spanac

Instrucțiuni:
1. Se incinge o tigaie cu ulei de masline la foc mediu, se adauga ghimbirul, usturoiul si ceapa, se amesteca si se calesc 5 minute.
2. Adăugați roșiile, roșiile conservate și alte ingrediente, amestecați ușor, aduceți la fiert și gătiți încă 10 minute.
3. Împărțiți tocanita între boluri și serviți.

Nutriție: Calorii 123, grăsimi 4,8, fibre 7,3, carbohidrați 17, proteine 8,2

Mix de conopidă curry

Timp de preparare: 10 minute
Timp de gătire: 25 minute
Porții: 4

Ingrediente:
- 1 ceapa rosie, tocata
- 1 lingura ulei de masline
- 2 catei de usturoi, tocati
- 1 ardei rosu, tocat
- 1 ardei verde, tocat
- 1 lingura suc de lamaie
- 1 kg buchetele de conopidă
- 14 uncii de roșii conservate, tăiate cubulețe
- 2 lingurițe pudră de curry
- Un praf de piper negru
- 2 cesti crema de cocos
- 1 lingura coriandru, tocat

Instrucțiuni:
1. Se incinge o tigaie cu ulei de masline la foc mediu, se adauga ceapa si usturoiul, se amesteca si se calesc 5 minute.
2. Adăugați ardeii și alte ingrediente, aduceți la fiert și fierbeți la foc mediu timp de 20 de minute.
3. Împărțiți totul în boluri și serviți.

Nutriție: Calorii 270, grăsimi 7,7, fibre 5,4, carbohidrați 12,9, proteine 7

Tocană de morcovi și dovlecei

Timp de preparare: 10 minute
Timp de preparare: 30 minute
Porții: 4

Ingrediente:
- 1 ceapa galbena, tocata
- 2 linguri de ulei de măsline
- 2 catei de usturoi, tocati
- 4 dovlecei felii
- 2 morcovi, feliați
- 1 lingurita boia dulce
- ¼ linguriță de pudră de chili
- Un praf de piper negru
- ½ cană de roșii, tăiate cubulețe
- 2 căni de bulion de legume cu conținut scăzut de sodiu
- 1 lingura de usturoi, tocat
- 1 lingura rozmarin, tocat

Instrucțiuni:
1. Se incinge o tigaie cu ulei de masline la foc mediu, se adauga ceapa si usturoiul, se amesteca si se calesc 5 minute.
2. Adăugați dovleceii, morcovii și alte ingrediente, aduceți la fiert și gătiți încă 25 de minute.
3. Împărțiți tocanita între boluri și serviți imediat la prânz.

Nutriție: Calorii 272, grăsimi 4,6, fibre 4,7, carbohidrați 14,9, proteine 9

Tocană de varză și fasole verde

Timp de preparare: 10 minute
Timp de gătire: 25 minute
Porții: 4

Ingrediente:
- 2 linguri de ulei de măsline
- 1 cap de varza rosie, tocata
- 1 ceapa rosie, tocata
- 1 kilogram de fasole verde, tăiată și tăiată la jumătate
- 2 catei de usturoi, tocati
- 7 uncii de roșii conservate, tăiate cubulețe fără sare
- 2 căni de bulion de legume cu conținut scăzut de sodiu
- Un praf de piper negru
- 1 lingură mărar, tocat

Instrucțiuni:
1. Se incinge o tigaie cu ulei de masline la foc mediu, se adauga ceapa si usturoiul, se amesteca si se calesc 5 minute.
2. Adăugați varza și alte ingrediente, amestecați, acoperiți și gătiți la foc mediu timp de 20 de minute.
3. Împărțiți în boluri și serviți la prânz.

Nutriție: calorii 281, grăsimi 8,5, fibre 7,1, carbohidrați 14,9, proteine 6,7

Supa de ciuperci

Timp de preparare: 5 minute
Timp de preparare: 30 minute
Porții: 4

Ingrediente:
- 1 ceapa galbena, tocata
- 1 lingura ulei de masline
- 1 ardei iute rosu, tocat
- 1 lingurita pudra de chili
- ½ lingurita piper
- 4 catei de usturoi, tocati
- 1 kg de ciuperci porcini, feliate
- 6 căni de bulion de legume cu conținut scăzut de sodiu
- 1 cană roșii, tocate
- ½ lingurita patrunjel, tocat

Instrucțiuni:
1. Se incinge o tigaie cu ulei de masline la foc mediu, se adauga ceapa, ardeiul iute, ardeiul iute, ardeiul iute si usturoiul, se amesteca si se calesc 5 minute.
2. Adăugați ciupercile, amestecați și gătiți încă 5 minute.
3. Adăugați restul ingredientelor, aduceți la fiert și fierbeți la foc mediu timp de 20 de minute.
4. Împărțiți supa în boluri și serviți.

Nutriție: Calorii 290, grăsimi 6,6, fibre 4,6, carbohidrați 16,9, proteine 10

carne de porc chili

Timp de preparare: 10 minute
Timp de preparare: 30 minute
Porții: 4

Ingrediente:
- 2 kg tocană de porc, tăiată cubulețe
- 2 linguri pasta de chili
- 1 ceapa galbena, tocata
- 2 catei de usturoi, tocati
- 1 lingura ulei de masline
- 2 căni de bulion de vită cu conținut scăzut de sodiu
- 1 lingura oregano, tocat

Instrucțiuni:
1. Se încălzește o tigaie cu ulei de măsline la foc mediu-mare, se adaugă ceapa și usturoiul, se amestecă și se călesc timp de 5 minute.
2. Adăugați carnea și gătiți încă 5 minute.
3. Adăugați restul ingredientelor, aduceți la fiert și fierbeți la foc mediu încă 20 de minute.
4. Împărțiți amestecul între boluri și serviți.

Nutriție: Calorii 363, grăsimi 8,6, fibre 7, carbohidrați 17,3, proteine 18,4

Salată de ciuperci cu piper și somon

Timp de preparare: 10 minute
Timp de preparare: 20 de minute
Porții: 4

Ingrediente:
- 10 oz somon afumat, cu conținut scăzut de sodiu, dezosat, fără piele și cuburi
- 2 cepe verde, tocate
- 2 ardei iute roșii, tocați
- 1 lingura ulei de masline
- ½ linguriță de oregano, uscat
- ½ lingurita boia afumata
- Un praf de piper negru
- 8 uncii ciuperci porcini, feliate
- 1 lingura suc de lamaie
- 1 cană măsline negre fără sâmburi și tăiate la jumătate
- 1 lingura patrunjel, tocat

Instrucțiuni:
1. Se incinge o tigaie cu ulei de masline la foc mediu, se adauga ceapa si ardeiul iute, se amesteca si se calesc 4 minute.
2. Se adauga ciupercile, se amesteca si se calesc 5 minute.
3. Se adauga somonul si alte ingrediente, se amesteca, se fierbe totul inca 10 minute, se imparte in boluri si se serveste la pranz.

Nutriție: calorii 321, grăsimi 8,5, fibre 8, carbohidrați 22,2, proteine 13,5

Un amestec de năut și cartofi

Timp de preparare: 10 minute
Timp de preparare: 30 minute
Porții: 4

Ingrediente:
- 2 linguri de ulei de măsline
- 1 cană de năut conservat, nesărat, scurs și clătit
- 1 kilogram de cartof dulce, decojit și tăiat felii
- 4 catei de usturoi, tocati
- 2 salote tocate
- 1 cana rosii conservate, nesarate si tocate
- 1 lingurita coriandru, macinat
- 2 rosii tocate
- 1 cană bulion de legume cu conținut scăzut de sodiu
- Un praf de piper negru
- 1 lingura suc de lamaie
- 1 lingura coriandru, tocat

Instrucțiuni:
1. Se încălzește o tigaie cu ulei de măsline la foc mediu, se adaugă eșalota și usturoiul, se amestecă și se călesc timp de 5 minute.
2. Adăugați năutul, cartofii și alte ingrediente, aduceți la fiert și fierbeți la foc mediu timp de 25 de minute.
3. Împărțiți totul în boluri și serviți la prânz.

Nutriție: Calorii 341, grăsimi 11,7, fibre 6, carbohidrați 14,9, proteine 18,7

Amestecul de pui cu cardamom

Timp de preparare: 10 minute
Timp de preparare: 30 minute
Porții: 4

Ingrediente:
- 1 lingura ulei de masline
- 1 kilogram de piept de pui fără piele, dezosat, tăiat cubulețe
- 1 eșalotă tocată
- 1 lingura de ghimbir, ras
- 2 catei de usturoi, tocati
- 1 lingurita cardamom, macinat
- ½ linguriță pudră de turmeric
- 1 lingurita suc de lamaie
- 1 cană bulion de pui cu conținut scăzut de sodiu
- 1 lingura coriandru, tocat

Instrucțiuni:
1. Se încălzește o tigaie cu ulei de măsline la foc mediu, se adaugă eșapa, ghimbirul, usturoiul, cardamomul și șofranul, se amestecă și se călesc timp de 5 minute.
2. Adăugați carnea și gătiți timp de 5 minute.
3. Adăugați restul ingredientelor, aduceți totul la fiert și gătiți timp de 20 de minute.
4. Împărțiți amestecul între boluri și serviți.

Nutriție:Calorii 175, grăsimi 6,5, fibre 0,5, carbohidrați 3,3, proteine 24,7

linte chili

Timp de preparare: 10 minute
Timp de preparare: 35 min
Porții: 6

Ingrediente:
- 1 ardei verde, tocat
- 1 lingura ulei de masline
- 2 arpagic tocat
- 2 catei de usturoi, tocati
- 24 uncii conservate, linte nesărate, scurse și clătite
- 2 căni de bulion de legume
- 2 linguri pudra de chili, usoara
- ½ linguriță pudră de chipotle
- 30 uncii de roșii conservate, nesărate, tocate
- Un praf de piper negru

Instrucțiuni:
1. Se incinge o tigaie cu ulei de masline la foc mediu, se adauga ceapa si usturoiul, se amesteca si se calesc 5 minute.
2. Adăugați ardeii, lintea și alte ingrediente, aduceți la fierbere și fierbeți la foc mediu timp de 30 de minute.
3. Împărțiți chili între boluri și serviți la prânz.

Nutriție: Calorii 466, grăsimi 5, fibre 37,6, carbohidrați 77,9, proteine 31,2

andive de rozmarin

Timp de preparare: 10 minute
Timp de preparare: 20 de minute
Porții: 4

Ingrediente:
- 2 andive tăiate pe lungime
- 2 linguri de ulei de măsline
- 1 lingurita rozmarin, uscat
- ½ linguriță pudră de turmeric
- Un praf de piper negru

Instrucțiuni:
1. Combinați andivele cu ulei și alte ingrediente într-o tavă de copt, amestecați ușor, puneți la cuptor și coaceți la 400 de grade F timp de 20 de minute.
2. Împărțiți în farfurii și serviți ca garnitură.

Nutriție: Calorii 66, grăsimi 7,1, fibre 1, carbohidrați 1,2, proteine 0,3

andive de lamaie

Timp de preparare: 10 minute
Timp de preparare: 20 de minute
Porții: 4

Ingrediente:
- 4 andive, tăiate în jumătate pe lungime
- 1 lingura suc de lamaie
- 1 lingura coaja de lamaie, rasa
- 2 linguri de parmezan degresat, ras
- 2 linguri de ulei de măsline
- Un praf de piper negru

Instrucțiuni:
1. Într-o tavă de copt, adăugați andivele cu sucul de lămâie și celelalte ingrediente, cu excepția parmezanului, și amestecați.
2. Presărați parmezan deasupra, prăjiți andivele la 400 de grade F timp de 20 de minute, împărțiți-le în farfurii și serviți ca garnitură.

Nutriție: Calorii 71, grăsimi 7,1, fibre 0,9, carbohidrați 2,3, proteine 0,9

pesto de sparanghel

Timp de preparare: 10 minute
Timp de preparare: 20 de minute
Porții: 4

Ingrediente:
- 1 kilogram de sparanghel, tăiat
- 2 linguri de pesto de busuioc
- 1 lingura suc de lamaie
- Un praf de piper negru
- 3 linguri de ulei de măsline
- 2 linguri coriandru, tocat

Instrucțiuni:
1. Aranjați sparanghelul pe o foaie de copt, adăugați pesto și alte ingrediente, amestecați, puneți la cuptor și coaceți la 400 de grade F timp de 20 de minute.
2. Împărțiți în farfurii și serviți ca garnitură.

Nutriție: Calorii 114, grăsimi 10,7, fibre 2,4, carbohidrați 4,6, proteine 2,6

morcov boia

Timp de preparare: 10 minute
Timp de preparare: 30 minute
Porții: 4

Ingrediente:
- 1 kilogram de morcovi pui, tăiați
- 1 lingura boia dulce
- 1 lingurita suc de lamaie
- 3 linguri de ulei de măsline
- Un praf de piper negru
- 1 lingurita de seminte de susan

Instrucțiuni:
1. Aranjați morcovii pe o tavă de copt tapetată, adăugați boia de ardei și alte ingrediente, cu excepția semințelor de susan, amestecați, dați la cuptor și coaceți la 400 de grade F timp de 30 de minute.
2. Împărțiți morcovii în farfurii, presărați semințe de susan deasupra și serviți ca garnitură.

Nutriție: Calorii 142, grăsimi 11,3, fibre 4,1, carbohidrați 11,4, proteine 1,2

caserolă cremoasă de cartofi

Timp de preparare: 10 minute
Timp de gătire: 1 oră
Porții: 8

Ingrediente:
- 1 kg de cartofi rumeniți, curățați și tăiați cubulețe
- 2 linguri de ulei de măsline
- 1 ceapa rosie, tocata
- 2 catei de usturoi, tocati
- 2 cesti crema de cocos
- 1 lingura de cimbru, tocat
- ¼ lingurita nucsoara, macinata
- ½ cană de parmezan cu conținut scăzut de grăsimi, ras

Instrucțiuni:
1. Se incinge o tigaie cu ulei de masline la foc mediu, se adauga ceapa si usturoiul si se calesc 5 minute.
2. Adăugați cartofii și gătiți încă 5 minute.
3. Se toarnă smântâna și alte ingrediente, se amestecă ușor, se aduce la fierbere și se fierbe la foc mediu încă 40 de minute.
4. Împărțiți amestecul în farfurii și serviți ca garnitură.

Nutriție: calorii 230, grăsimi 19,1, fibre 3,3, carbohidrați 14,3, proteine 3,6

varză de susan

Timp de preparare: 10 minute
Timp de preparare: 20 de minute
Porții: 4

Ingrediente:
- 1 kg de varză verde, tocată grosier
- 2 linguri de ulei de măsline
- Un praf de piper negru
- 1 eșalotă tocată
- 2 catei de usturoi, tocati
- 2 linguri de otet balsamic
- 2 lingurite de piper
- 1 lingurita de seminte de susan

Instrucțiuni:
1. Se încălzește o tigaie cu ulei de măsline la foc mediu, se adaugă eșalota și usturoiul și se călesc timp de 5 minute.
2. Adaugam varza si celelalte ingrediente, amestecam, fierbem la foc mediu 15 minute, impartim in farfurii si servim.

Nutriție: Calorii 101, grăsimi 7,6, fibre 3,4, carbohidrați 84, proteine 1,9

broccoli cu coriandru

Timp de preparare: 10 minute
Timp de preparare: 30 minute
Porții: 4

Ingrediente:
- 2 linguri de ulei de măsline
- 1 kg buchetele de broccoli
- 2 catei de usturoi, tocati
- 2 linguri sos de ardei
- 1 lingura suc de lamaie
- Un praf de piper negru
- 2 linguri coriandru, tocat

Instrucțiuni:
1. Aruncați broccoli cu ulei, usturoi și alte ingrediente într-o tavă de copt, rumeniți ușor, puneți la cuptor și coaceți la 400 de grade F timp de 30 de minute.
2. Împărțiți amestecul în farfurii și serviți ca garnitură.

Nutriție: Calorii 103, grăsimi 7,4, fibre 3, carbohidrați 8,3, proteine 3,4

chili varza de Bruxelles

Timp de preparare: 10 minute
Timp de gătire: 25 minute
Porții: 4

Ingrediente:
- 1 lingura ulei de masline
- 1 liră varză de Bruxelles, tăiată și tăiată la jumătate
- 2 catei de usturoi, tocati
- ½ cană de mozzarella cu conținut scăzut de grăsimi, mărunțită
- Un praf de fulgi de piper, zdrobiti

Instrucțiuni:
1. Într-o tavă de copt, adăugați varza cu uleiul și celelalte ingrediente, cu excepția brânzei, și amestecați.
2. Se presara branza deasupra, se da la cuptor si se coace la 400 de grade F timp de 25 de minute.
3. Împărțiți în farfurii și serviți ca garnitură.

Nutriție: Calorii 91, grăsimi 4,5, fibre 4,3, carbohidrați 10,9, proteine 5

Amestecul de varză de Bruxelles și ceapă verde

Timp de preparare: 10 minute
Timp de gătire: 25 minute
Porții: 4

Ingrediente:
- 2 linguri de ulei de măsline
- 1 liră varză de Bruxelles, tăiată și tăiată la jumătate
- 3 cepe verde, tocate
- 2 catei de usturoi, tocati
- 1 lingura otet balsamic
- 1 lingura boia dulce
- Un praf de piper negru

Instrucțiuni:
1. Se amestecă varza de Bruxelles cu ulei și alte ingrediente într-o tavă de copt, se amestecă și se coace la 400 de grade F timp de 25 de minute.
2. Împărțiți amestecul în farfurii și serviți.

Nutriție: Calorii 121, grăsimi 7,6, fibre 5,2, carbohidrați 12,7, proteine 4,4

piure de conopidă

Timp de preparare: 10 minute
Timp de gătire: 25 minute
Porții: 4

Ingrediente:
- 2 kilograme de buchețe de conopidă
- ½ cană lapte de cocos
- Un praf de piper negru
- ½ cană de smântână cu conținut scăzut de grăsimi
- 1 lingura coriandru, tocat
- 1 lingura de usturoi, tocat

Instrucțiuni:
1. Puneți conopida într-o cratiță, adăugați apă pentru a acoperi, aduceți la fiert la foc mediu, gătiți timp de 25 de minute și scurgeți.
2. Se zdrobește conopida, se adaugă laptele, piperul negru și smântâna, se bate bine, se împart în farfurii, se stropesc cu restul ingredientelor și se servesc.

Nutriție: Calorii 188, grăsimi 13,4, fibre 6,4, carbohidrați 15, proteine 6,1

salata de avocado

Timp de preparare: 5 minute
Timp de preparare: 0 minute
Porții: 4

Ingrediente:
- 2 linguri de ulei de măsline
- 2 avocado, decojite, fără sâmburi și feliate
- 1 cană măsline kalamata, fără sâmburi și tăiate la jumătate
- 1 cană de roșii, tăiate cubulețe
- 1 lingura de ghimbir, ras
- Un praf de piper negru
- 2 cesti pui de rucola
- 1 lingura otet balsamic

Instrucțiuni:
1. Într-un castron, amestecați avocado cu kalamata și alte ingrediente, amestecați și serviți ca garnitură.

Nutriție: Calorii 320, grăsimi 30,4, fibre 8,7, carbohidrați 13,9, proteine 3

salata de ridichi

Timp de preparare: 5 minute
Timp de preparare: 0 minute
Porții: 4

Ingrediente:
- 2 cepe verde, tocate
- 1 kg ridichi, tăiate cubulețe
- 2 linguri de otet balsamic
- 2 linguri de ulei de măsline
- 1 lingurita pudra de chili
- 1 cană măsline negre fără sâmburi și tăiate la jumătate
- Un praf de piper negru

Instrucțiuni:
1. Într-un castron mare de salată, amestecați ridichile cu ceapa și alte ingrediente, amestecați și serviți ca garnitură.

Nutriție: Calorii 123, grăsimi 10,8, fibre 3,3, carbohidrați 7, proteine 1,3

salata de andive

Timp de preparare: 5 minute
Timp de preparare: 0 minute
Porții: 4

Ingrediente:
- 2 andive tocate grosier
- 1 lingură mărar, tocat
- ¼ cană suc de lămâie
- ¼ cană ulei de măsline
- 2 cesti baby spanac
- 2 roșii, tăiate cubulețe
- 1 castravete, feliat
- ½ cană nuci, tocate

Instrucțiuni:
1. Într-un castron mare, amestecați andivele cu spanacul și alte ingrediente, amestecați și serviți ca garnitură.

Nutriție: Calorii 238, grăsimi 22,3, fibre 3,1, carbohidrați 8,4, proteine 5,7

Un amestec de măsline și porumb

Timp de preparare: 5 minute
Timp de preparare: 0 minute
Porții: 4

Ingrediente:
- 2 linguri de ulei de măsline
- 1 lingura otet balsamic
- Un praf de piper negru
- 4 căni de porumb
- 2 căni de măsline negre fără sâmburi și tăiate la jumătate
- 1 ceapa rosie, tocata
- ½ cană de roșii cherry, tăiate la jumătate
- 1 lingura busuioc, tocat
- 1 lingura jalapeno, tocat
- 2 cani de salata romana, tocata

Instrucțiuni:
1. Într-un castron mare, amestecați porumbul cu măslinele, salata și alte ingrediente, amestecați bine, împărțiți între feluri de mâncare și serviți ca garnitură.

Nutriție: Calorii 290, grăsimi 16,1, fibre 7,4, carbohidrați 37,6, proteine 6,2

Salată de rucola și nuci de pin

Timp de preparare: 5 minute
Timp de preparare: 0 minute
Porții: 4

Ingrediente:
- ¼ cană semințe de rodie
- 5 căni de rucola pentru copii
- 6 linguri ceapa verde tocata
- 1 lingura otet balsamic
- 2 linguri de ulei de măsline
- 3 linguri de nuci de pin
- ½ eșalotă tocată

Instrucțiuni:
1. Într-un bol de salată, amestecați rucola cu rodia și alte ingrediente, amestecați și serviți.

Nutriție: Calorii 120, grăsimi 11,6, fibre 0,9, carbohidrați 4,2, proteine 1,8

migdale si spanac

Timp de preparare: 10 minute
Timp de preparare: 0 minute
Porții: 4

Ingrediente:
- 2 linguri de ulei de măsline
- 2 avocado, decojite, fără sâmburi și feliate
- 3 cesti baby spanac
- ¼ cană migdale, prăjite și tocate
- 1 lingura suc de lamaie
- 1 lingura coriandru, tocat

Instrucțiuni:
1. Într-un castron, amestecați avocado cu migdalele, spanacul și alte ingrediente, amestecați și serviți ca garnitură.

Nutriție: Calorii 181, grăsimi 4, fibre 4,8, carbohidrați 11,4, proteine 6

Salată de fasole verde și porumb

Timp de preparare: 4 minute
Timp de preparare: 0 minute
Porții: 4

Ingrediente:
- suc de 1 lime
- 2 cani de salata romana, tocata
- 1 cană de porumb
- ½ kilogram de fasole verde, albită și tăiată la jumătate
- 1 castravete, tocat
- 1/3 cană usturoi, tocat

Instrucțiuni:
1. Într-un bol, amestecați fasolea verde cu porumbul și alte ingrediente, amestecați și serviți.

Nutriție: Calorii 225, grăsimi 12, fibre 2,4, carbohidrați 11,2, proteine 3,5

Salată de andive și varză

Timp de preparare: 4 minute
Timp de preparare: 0 minute
Porții: 4

Ingrediente:
- 3 linguri de ulei de măsline
- 2 andive, tăiate și tocate
- 2 linguri de suc de lamaie
- 1 lingura coaja de lamaie, rasa
- 1 ceapa rosie, taiata felii
- 1 lingura otet balsamic
- 1 kilogram de kale, mărunțită
- Un praf de piper negru

Instrucțiuni:
1. Într-un castron, combinați andivele cu kale și celelalte ingrediente, amestecați bine și serviți rece ca garnitură.

Nutriție: Calorii 270, grăsimi 11,4, fibre 5, carbohidrați 14,3, proteine 5,7

mâncăm salată

Timp de preparare: 5 minute
Timp de preparare: 6 minute
Porții: 4

Ingrediente:
- 2 linguri de ulei de măsline
- 2 linguri de otet balsamic
- 2 catei de usturoi, tocati
- 3 căni de edamame, decojite
- 1 lingura de usturoi, tocat
- 2 salote tocate

Instrucțiuni:
1. Se incinge o tigaie cu ulei la foc mediu, se adauga edamame, usturoiul si alte ingrediente, se amesteca, se fierbe 6 minute, se imparte intre farfurii si se serveste.

Nutriție: Calorii 270, grăsimi 8,4, fibre 5,3, carbohidrați 11,4, proteine 6

Salată de struguri și avocado

Timp de preparare: 5 minute
Timp de preparare: 0 minute
Porții: 4

Ingrediente:
- 2 cesti baby spanac
- 2 avocado, decojite, fără sâmburi și tocate grosier
- 1 castravete, feliat
- 1 cană și jumătate de struguri cruzi, tăiați la jumătate
- 2 linguri de ulei de avocado
- 1 lingura otet de cidru
- 2 linguri patrunjel, tocat
- Un praf de piper negru

Instrucțiuni:
1. Într-un castron de salată, combinați spanacul cu avocado și alte ingrediente, amestecați și serviți.

Nutriție: Calorii 277, grăsimi 11,4, fibre 5, carbohidrați 14,6, proteine 4

Amestecul de vinete cu oregano

Timp de preparare: 10 minute
Timp de preparare: 20 de minute
Porții: 4

Ingrediente:
- 2 vinete mari, feliate grosier
- 1 lingura oregano, tocat
- ½ cană de parmezan cu conținut scăzut de grăsimi, ras
- ¼ linguriță de usturoi pudră
- 2 linguri de ulei de măsline
- Un praf de piper negru

Instrucțiuni:
1. Combinați vinetele cu oregano și alte ingrediente, cu excepția brânzei, într-o tavă de copt și amestecați.
2. Presărați parmezanul deasupra, puneți la cuptor și coaceți la 370 de grade F timp de 20 de minute.
3. Împărțiți în farfurii și serviți ca garnitură.

Nutriție: Calorii 248, grăsimi 8,4, fibre 4, carbohidrați 14,3, proteine 5,4

amestec de roșii prăjite

Timp de preparare: 10 minute
Timp de preparare: 20 de minute
Porții: 4

Ingrediente:
- 2 kg de roșii, tăiate la jumătate
- 1 lingura busuioc, tocat
- 3 linguri de ulei de măsline
- 1 coaja de lamaie, rasa
- 3 catei de usturoi, tocati
- ¼ cană parmezan cu conținut scăzut de grăsimi, ras
- Un praf de piper negru

Instrucțiuni:
1. Combinați roșiile cu busuioc și toate celelalte ingrediente, cu excepția brânzei, într-o tavă de copt și amestecați.
2. Se presară parmezan deasupra, se coace la 375 de grade F timp de 20 de minute, se împarte în farfurii și se servește ca garnitură.

Nutriție: Calorii 224, grăsimi 12, fibre 4,3, carbohidrați 10,8, proteine 5,1

ciuperci de cimbru

Timp de preparare: 10 minute
Timp de preparare: 30 minute
Porții: 4

Ingrediente:
- 2 kilograme de ciuperci porcini, tăiate la jumătate
- 4 catei de usturoi, tocati
- 2 linguri de ulei de măsline
- 1 lingura de cimbru, tocat
- 2 linguri patrunjel, tocat
- piper negru după gust

Instrucțiuni:
1. Combinați ciupercile cu usturoiul și alte ingrediente într-o tavă de copt, amestecați, puneți la cuptor și coaceți la 400 de grade F timp de 30 de minute.
2. Împărțiți în farfurii și serviți ca garnitură.

Nutriție: Calorii 251, grăsimi 9,3, fibre 4, carbohidrați 13,2, proteine 6

Tocană de spanac și porumb

Timp de preparare: 10 minute
Timp de preparare: 15 minute
Porții: 4

Ingrediente:
- 1 cană de porumb
- 1 kilogram de frunze de spanac
- 1 lingurita boia dulce
- 1 lingura ulei de masline
- 1 ceapa galbena, tocata
- ½ cană busuioc, rupt
- Un praf de piper negru
- ½ linguriță fulgi de ardei roșu

Instrucțiuni:
1. Se incinge o tigaie cu ulei la foc mediu, se adauga ceapa, se amesteca si se caleste 5 minute.
2. Se adauga porumbul, spanacul si alte ingrediente, se amesteca, se fierbe la foc mediu inca 10 minute, se imparte in farfurii si se serveste.

Nutriție: calorii 201, grăsimi 13,1, fibre 2,5, carbohidrați 14,4, proteine 3,7

Puneți porumbul și arpagicul

Timp de preparare: 10 minute
Timp de preparare: 15 minute
Porții: 4

Ingrediente:
- 4 căni de porumb
- 1 lingura ulei de avocado
- 2 salote tocate
- 1 lingurita pudra de chili
- 2 linguri pasta de rosii, nesarata
- 3 arpagic tocat
- Un praf de piper negru

Instrucțiuni:
1. Se incinge o tigaie cu ulei de masline la foc mediu, se adauga ceapa si ardeiul iute, se amesteca si se calesc 5 minute.
2. Adăugați porumbul și alte ingrediente, amestecați, gătiți încă 10 minute, împărțiți în farfurii și serviți ca garnitură.

Nutriție:Calorii 259, grăsimi 11,1, fibre 2,6, carbohidrați 13,2, proteine 3,5

Salată de spanac și mango

Timp de preparare: 10 minute
Timp de preparare: 0 minute
Porții: 4

Ingrediente:
- 1 cană de mango, decojit și tăiat cubulețe
- 4 căni de spanac baby
- 1 lingura ulei de masline
- 2 arpagic tocat
- 1 lingura suc de lamaie
- 1 lingura capere, scurse, fara sare
- 1/3 cana migdale, tocate

Instrucțiuni:
1. Într-un bol, amestecați spanacul cu mango și celelalte ingrediente, amestecați și serviți.

Nutriție: Calorii 200, grăsimi 7,4, fibre 3, carbohidrați 4,7, proteine 4,4

cartof mustar

Timp de preparare: 5 minute
Timp de gătire: 1 oră
Porții: 4

Ingrediente:
- 1 kg de cartofi rumeniți, curățați și tăiați cubulețe
- 2 linguri de ulei de măsline
- Un praf de piper negru
- 2 linguri rozmarin, tocat
- 1 lingură muștar de Dijon
- 2 catei de usturoi, tocati

Instrucțiuni:
1. Aruncați cartofii cu ulei și alte ingrediente într-o tavă de copt, amestecați, puneți la cuptor la 400 de grade F și coaceți aproximativ 1 oră.
2. Împărțiți în farfurii și serviți imediat ca garnitură.

Nutriție: Calorii 237, grăsimi 11,5, fibre 6,4, carbohidrați 14,2, proteine 9

Varza de Bruxelles de cocos

Timp de preparare: 5 minute
Timp de preparare: 30 minute
Porții: 4

Ingrediente:
- 1 liră varză de Bruxelles, tăiată și tăiată la jumătate
- 1 cana crema de cocos
- 1 lingura ulei de masline
- 2 salote tocate
- Un praf de piper negru
- ½ cană nuci caju tocate

Instrucțiuni:
1. Într-o tavă, combinați varza cu smântâna și ingredientele rămase, amestecați și coaceți timp de 30 de minute la 350 de grade F.
2. Împărțiți în farfurii și serviți ca garnitură.

Nutriție: Calorii 270, grăsimi 6,5, fibre 5,3, carbohidrați 15,9, proteine 3,4

morcov salvie

Timp de preparare: 10 minute
Timp de preparare: 30 minute
Porții: 4

Ingrediente:
- 2 linguri de ulei de măsline
- 2 lingurite de boia
- 1 kg morcovi, decojiti si tocati grosier
- 1 ceapa rosie, tocata
- 1 lingura de salvie, tocata
- Un praf de piper negru

Instrucțiuni:
1. Aruncați morcovii cu ulei și alte ingrediente într-o tavă de copt, amestecați și coaceți la 380 de grade F timp de 30 de minute.
2. Împărțiți în farfurii și serviți.

Nutriție: Calorii 200, grăsimi 8,7, fibre 2,5, carbohidrați 7,9, proteine 4

Usturoi și ciuperci de porumb

Timp de preparare: 10 minute
Timp de preparare: 20 de minute
Porții: 4

Ingrediente:
- 1 kg de ciuperci porcini, tăiate la jumătate
- 2 cani de porumb
- 2 linguri de ulei de măsline
- 4 catei de usturoi, tocati
- 1 cana rosii conservate nesarate, tocate
- Un praf de piper negru
- ½ linguriță de pudră de chili

Instrucțiuni:
1. Se incinge o tigaie cu ulei de masline la foc mediu, se adauga ciupercile, usturoiul si porumbul, se amesteca si se calesc 10 minute.
2. Se adauga restul ingredientelor, se amesteca, se fierbe la foc mediu inca 10 minute, se imparte in farfurii si se serveste.

Nutriție: Calorii 285, grăsimi 13, fibre 2,2, carbohidrați 14,6, proteine 6,7.

pesto de fasole verde

Timp de preparare: 10 minute
Timp de preparare: 15 minute
Porții: 4

Ingrediente:
- 2 linguri de pesto de busuioc
- 2 lingurite de boia
- 1 kilogram de fasole verde, tăiată și tăiată la jumătate
- 1 suc de lamaie
- 2 linguri de ulei de măsline
- 1 ceapa rosie, taiata felii
- Un praf de piper negru

Instrucțiuni:
1. Se incinge o tigaie cu ulei la foc mediu, se adauga ceapa, se amesteca si se caleste 5 minute.
2. Adăugați fasolea și alte ingrediente, amestecați, gătiți la foc mediu timp de 10 minute, împărțiți în farfurii și serviți.

Nutriție: Calorii 280, grăsimi 10, fibre 7,6, carbohidrați 13,9, proteine 4,7

roșie tarhon

Timp de preparare: 5 minute
Timp de preparare: 0 minute
Porții: 4

Ingrediente:
- 1 linguriță și jumătate de ulei de măsline
- 1 kilogram de roșii, feliate
- 1 lingura suc de lamaie
- 1 lingura coaja de lamaie, rasa
- 2 linguri tarhon, tocat
- Un praf de piper negru

Instrucțiuni:
1. Într-un bol, amestecați roșiile cu celelalte ingrediente, amestecați și serviți ca salată.

Nutriție: Calorii 170, grăsimi 4, fibre 2,1, carbohidrați 11,8, proteine 6

Sfecla Migdale

Timp de preparare: 10 minute
Timp de preparare: 30 minute
Porții: 4

Ingrediente:
- 4 sfeclă, curățată și tăiată felii
- 3 linguri de ulei de măsline
- 2 linguri migdale, tocate
- 2 linguri de otet balsamic
- Un praf de piper negru
- 2 linguri patrunjel, tocat

Instrucțiuni:
1. Se amestecă sfecla cu ulei și alte ingrediente într-o tavă de copt, se amestecă, se dă la cuptor și se coace la 400 de grade timp de 30 de minute.
2. Împărțiți amestecul în farfurii și serviți.

Nutriție: Calorii 230, grăsimi 11, fibre 4,2, carbohidrați 7,3, proteine 3,6

Roșii mentă și porumb

Timp de preparare: 5 minute
Timp de preparare: 0 minute
Porții: 4

Ingrediente:

- 2 linguri de menta, tocata
- 1 kilogram de roșii, feliate
- 2 cani de porumb
- 2 linguri de ulei de măsline
- 1 lingura otet de rozmarin
- Un praf de piper negru

Instrucțiuni:

1. Într-un bol de salată, amestecați roșia cu porumbul și celelalte ingrediente, amestecați și serviți.

Să te bucuri!

Nutriție: Calorii 230, grăsimi 7,2, fibre 2, carbohidrați 11,6, proteine 4

Sos de dovlecel și avocado

Timp de preparare: 5 minute
Timp de preparare: 10 minute
Porții: 4

Ingrediente:
- 2 linguri de ulei de măsline
- 2 dovlecei, tăiați cubulețe
- 1 avocado, decojit, fără sâmburi și tocat
- 2 roșii, tăiate cubulețe
- 1 castravete, taiat cubulete
- 1 ceapa galbena, tocata
- 2 linguri de suc proaspăt de lămâie
- 2 linguri coriandru, tocat

Instrucțiuni:
1. Se încălzește o tigaie cu ulei la foc mediu, se adaugă ceapa și dovlecelul, se amestecă și se fierbe timp de 5 minute.
2. Adăugați restul ingredientelor, amestecați, gătiți încă 5 minute, împărțiți în farfurii și serviți.

Nutriție: calorii 290, grăsimi 11,2, fibre 6,1, carbohidrați 14,7, proteine 5,6

Amestecul de mere și varză

Timp de preparare: 5 minute
Timp de preparare: 0 minute
Porții: 4

Ingrediente:
- 2 mere verzi, fără miez și tăiate cubulețe
- 1 cap de varza rosie, tocata
- 2 linguri de otet balsamic
- ½ lingurita de chimion
- 2 linguri de ulei de măsline
- piper negru după gust

Instrucțiuni:
1. Într-un bol, amestecați varza cu merele și alte ingrediente, amestecați și serviți ca salată.

Nutriție: Calorii 165, grăsimi 7,4, fibre 7,3, carbohidrați 26, proteine 2,6

sfeclă roșie prăjită

Timp de preparare: 10 minute
Timp de preparare: 30 minute
Porții: 4

Ingrediente:
- 4 sfeclă, curățată și tăiată felii
- 2 linguri de ulei de măsline
- 2 catei de usturoi, tocati
- Un praf de piper negru
- ¼ cană pătrunjel, tocat
- ¼ cană nuci, tocate

Instrucțiuni:
1. Aruncați sfecla cu ulei și alte ingrediente într-o tavă de copt, amestecați bine, coaceți la 420 de grade F, coaceți timp de 30 de minute, împărțiți între farfurii și serviți ca garnitură.

Nutriție: Calorii 156, grăsimi 11,8, fibre 2,7, carbohidrați 11,5, proteine 3,8

varză de mărar

Timp de preparare: 10 minute
Timp de preparare: 15 minute
Porții: 4

Ingrediente:
- 1 kg de varză verde, tocată
- 1 ceapa galbena, tocata
- 1 roșie, tăiată cubulețe
- 1 lingură mărar, tocat
- Un praf de piper negru
- 1 lingura ulei de masline

Instrucțiuni:
1. Se incinge o tigaie cu ulei la foc mediu, se adauga ceapa si se caleste 5 minute.
2. Adaugam varza si celelalte ingrediente, amestecam, fierbem la foc mediu 10 minute, impartim in farfurii si servim.

Nutriție: Calorii 74, grăsimi 3,7, fibre 3,7, carbohidrați 10,2, proteine 2,1

Salata de varza si morcovi

Timp de preparare: 5 minute
Timp de preparare: 0 minute
Porții: 4

Ingrediente:
- 2 salote tocate
- 2 morcovi, rasi
- 1 cap mare de varză roșie, mărunțită
- 1 lingura ulei de masline
- 1 lingura otet rosu
- Un praf de piper negru
- 1 lingura suc de lamaie

Instrucțiuni:
1. Amesteca varza varza cu salota si alte ingrediente intr-un bol, amesteca si serveste ca salata.

Nutriție: Calorii 106, grăsimi 3,8, fibre 6,5, carbohidrați 18, proteine 3,3

Sos de rosii si masline

Timp de preparare: 10 minute
Timp de preparare: 0 minute
Porții: 6

Ingrediente:
- 1 kilogram de roşii cherry, tăiate la jumătate
- 2 linguri de ulei de măsline
- 1 cană măsline kalamata, fără sâmburi şi tăiate la jumătate
- Un praf de piper negru
- 1 ceapa rosie, tocata
- 1 lingura otet balsamic
- ¼ cană coriandru, tocat

Instrucțiuni:
1. Se amestecă roşiile cu măsline şi alte ingrediente într-un bol, se amestecă şi se servesc drept salată.

Nutriție: Calorii 131, grăsimi 10,9, fibre 3,1, carbohidrați 9,2, proteine 1,6

Salata de dovlecel

Timp de preparare: 4 minute
Timp de preparare: 0 minute
Porții: 4

Ingrediente:
- 2 dovlecei, feliați cu un spiralizator
- 1 ceapa rosie, taiata felii
- 1 lingură de pesto de busuioc
- 1 lingura suc de lamaie
- 1 lingura ulei de masline
- ½ cană de coriandru, tocat
- piper negru după gust

Instrucțiuni:
1. Într-un bol de salată, amestecați dovlecelul cu ceapa și celelalte ingrediente, amestecați și serviți.

Nutriție: Calorii 58, grăsimi 3,8, fibre 1,8, carbohidrați 6, proteine 1,6

Salată de morcovi cu curry

Timp de preparare: 4 minute
Timp de preparare: 0 minute
Porții: 4

Ingrediente:
- 1 kg morcovi, decojiti si rasi grosier
- 2 linguri de ulei de avocado
- 2 linguri de suc de lamaie
- 3 linguri de seminte de susan
- ½ linguriță pudră de curry
- 1 lingurita rozmarin, uscat
- ½ linguriță de chimion, măcinat

Instrucțiuni:
1. Amesteca morcovii cu uleiul, zeama de lamaie si alte ingrediente intr-un bol, amestecam si servim rece ca garnitura.

Nutriție: Calorii 99, grăsimi 4,4, fibre 4,2, carbohidrați 13,7, proteine 2,4

Salată verde și sfeclă

Timp de preparare: 5 minute
Timp de preparare: 0 minute
Porții: 4

Ingrediente:
- 1 lingura de ghimbir, ras
- 2 catei de usturoi, tocati
- 4 cani de salata romana, rupta
- 1 sfeclă roșie, curățată și rasă
- 2 cepe verde, tocate
- 1 lingura otet balsamic
- 1 lingura de seminte de susan

Instrucțiuni:
1. Într-un castron, amestecați salata cu ghimbirul, usturoiul și alte ingrediente, amestecați și serviți ca garnitură.

Nutriție: Calorii 42, grăsimi 1,4, fibre 1,5, carbohidrați 6,7, proteine 1,4

ridichi de plante

Timp de preparare: 5 minute
Timp de preparare: 0 minute
Porții: 4

Ingrediente:

- 1 kg ridichi roșii, tocate grosier
- 1 lingura de usturoi, tocat
- 1 lingura patrunjel, tocat
- 1 lingura oregano, tocat
- 2 linguri de ulei de măsline
- 1 lingura suc de lamaie
- piper negru după gust

Instrucțiuni:

1. Într-un castron de salată, amestecați ridichile cu arpagicul și alte ingrediente, amestecați și serviți.

Nutriție: Calorii 85, grăsimi 7,3, fibre 2,4, carbohidrați 5,6, proteină 1

Mix de fenicul prăjit

Timp de preparare: 5 minute
Timp de preparare: 20 de minute
Porții: 4

Ingrediente:
- 2 bulbi de fenicul tocat
- 1 lingurita boia dulce
- 1 ceapa rosie mica, tocata
- 2 linguri de ulei de măsline
- 2 linguri de suc de lamaie
- 2 linguri de marar, tocat
- piper negru după gust

Instrucțiuni:
1. Într-o tavă combinați feniculul cu boia de ardei și alte ingrediente, amestecați și coaceți la 380 de grade F timp de 20 de minute.
2. Împărțiți amestecul în farfurii și serviți.

Nutriție: Calorii 114, grăsimi 7,4, fibre 4,5, carbohidrați 13,2, proteine 2,1

ardei copti

Timp de preparare: 10 minute
Timp de preparare: 30 minute
Porții: 4

Ingrediente:
- 1 kilogram de ardei gras amestecat, feliat
- 1 ceapă roșie, feliată subțire
- 2 linguri de ulei de măsline
- piper negru după gust
- 1 lingura oregano, tocat
- 2 linguri frunze de menta, tocate

Instrucțiuni:
1. Combinați ardeiul gras cu ceapa și alte ingrediente într-o tigaie, amestecați și coaceți la 380 de grade F timp de 30 de minute.
2. Împărțiți amestecul în farfurii și serviți.

Nutriție: Calorii 240, grăsimi 8,2, fibre 4,2, carbohidrați 11,3, proteine 5,6

Curmal și tocană de varză

Timp de preparare: 5 minute
Timp de preparare: 15 minute
Porții: 4

Ingrediente:
- 1 kg de varză roșie, tocată
- 8 curmale fără sâmburi și felii
- 2 linguri de ulei de măsline
- ¼ cană bulion de legume cu conținut scăzut de sodiu
- 2 linguri de usturoi, tocat
- 2 linguri de suc de lamaie
- piper negru după gust

Instrucțiuni:
1. Se incinge o tigaie cu ulei la foc mediu, se adauga varza si curmalele, se amesteca si se fierbe 4 minute.
2. Se toarnă bulionul și alte ingrediente, se amestecă, se fierbe la foc mediu încă 11 minute, se împarte în farfurii și se servește.

Nutriție: Calorii 280, grăsimi 8,1, fibre 4,1, carbohidrați 8,7, proteine 6,3

amestec de fasole neagră

Timp de preparare: 4 minute
Timp de preparare: 0 minute
Porții: 4

Ingrediente:

- 3 cani de fasole neagra conservata, nesarata, scursa si clatita
- 1 cană de roșii cherry, tăiate la jumătate
- 2 salote tocate
- 3 linguri de ulei de măsline
- 1 lingura otet balsamic
- piper negru după gust
- 1 lingura de usturoi, tocat

Instrucțiuni:

1. Se amestecă fasolea cu roșia și celelalte ingrediente într-un bol, se amestecă și se servește rece ca garnitură.

Nutriție: Calorii 310, grăsimi 11,0, fibre 5,3, carbohidrați 19,6, proteine 6,8

Un amestec de măsline și andive

Timp de preparare: 4 minute
Timp de preparare: 0 minute
Porții: 4

Ingrediente:
- 2 arpagic tocat
- 2 andive tocate
- 1 cană măsline negre fără sâmburi și tăiate felii
- ½ cană măsline kalamata, fără sâmburi și feliate
- ¼ cană oțet de mere
- 2 linguri de ulei de măsline
- 1 lingura coriandru, tocat

Instrucțiuni:
1. Amestecă andivele cu măslinele și alte ingrediente într-un bol, amestecă și servește.

Nutriție: calorii 230, grăsimi 9,1, fibre 6,3, carbohidrați 14,6, proteine 7,2

Salată de roșii și castraveți

Timp de preparare: 5 minute
Timp de preparare: 0 minute
Porții: 4

Ingrediente:

- ½ kg de roșii, tăiate cubulețe
- 2 castraveți, feliați
- 1 lingura ulei de masline
- 2 arpagic tocat
- piper negru după gust
- suc de 1 lime
- ½ cană busuioc, tocat

Instrucțiuni:

1. Într-un bol de salată, combinați roșiile cu castraveții și alte ingrediente, amestecați și serviți rece.

Nutriție: Calorii 224, grăsimi 11,2, fibre 5,1, carbohidrați 8,9, proteine 6,2

Salata de ardei si morcovi

Timp de preparare: 5 minute
Timp de preparare: 0 minute
Porții: 4

Ingrediente:
- 1 cană de roșii cherry, tăiate la jumătate
- 1 ardei gras galben, tocat
- 1 ardei rosu, tocat
- 1 ardei verde, tocat
- ½ kg morcovi, rasi
- 3 linguri otet de vin rosu
- 2 linguri de ulei de măsline
- 1 lingura coriandru, tocat
- piper negru după gust

Instrucțiuni:
1. Într-un bol de salată, combinați roșiile cu ardeiul gras, morcovii și alte ingrediente, amestecați și serviți ca salată.

Nutriție: Calorii 123, grăsimi 4, fibre 8,4, carbohidrați 14,4, proteine 1,1

Un amestec de fasole neagră și orez

Timp de preparare: 10 minute
Timp de preparare: 30 minute
Porții: 4

Ingrediente:
- 2 linguri de ulei de măsline
- 1 ceapa galbena, tocata
- 1 ceasca de fasole neagra conservata nesarata, scursa si clatita
- 2 căni de orez negru
- 4 căni de supă de pui cu conținut scăzut de sodiu
- 2 linguri de cimbru, tocat
- ½ coaja de lamaie, rasa
- Un praf de piper negru

Instrucțiuni:
1. Se incinge o tigaie cu ulei de masline la foc mediu, se adauga ceapa, se amesteca si se caleste timp de 4 minute.
2. Adăugați fasolea, orezul și alte ingrediente, amestecați, aduceți la fierbere și gătiți la foc mediu timp de 25 de minute.
3. Se amestecă amestecul, se împarte în farfurii și se servește.

Nutriție: Calorii 290, grăsimi 15,3, fibre 6,2, carbohidrați 14,6, proteine 8

Un amestec de orez și conopidă

Timp de preparare: 10 minute
Timp de gătire: 25 minute
Porții: 4

Ingrediente:
- 1 cană buchetele de conopidă
- 1 cană de orez alb
- 2 căni de supă de pui cu conținut scăzut de sodiu
- 1 lingura ulei de avocado
- 2 salote tocate
- ¼ cană de afine
- ½ cană migdale, feliate

Instrucțiuni:
1. Se încălzește o tigaie cu ulei de măsline la foc mediu, se adaugă șalota, se amestecă și se călește timp de 5 minute.
2. Adăugați conopida, orezul și alte ingrediente, amestecați, aduceți la fierbere și gătiți la foc mediu timp de 20 de minute.
3. Împărțiți amestecul în farfurii și serviți.

Nutriție: Calorii 290, grăsimi 15,1, fibre 5,6, carbohidrați 7, proteine 4,5

amestec de fasole balsamică

Timp de preparare: 10 minute
Timp de preparare: 0 minute
Porții: 4

Ingrediente:

- 2 cani de fasole neagra conservata, nesarata, scursa si clatita
- 2 cani de fasole alba conservata, nesarata, scursa si clatita
- 2 linguri de otet balsamic
- 2 linguri de ulei de măsline
- 1 lingurita oregano, uscat
- 1 lingurita busuioc, uscat
- 1 lingura de usturoi, tocat

Instrucțiuni:

1. Intr-un bol de salata, uda fasolea cu otetul si celelalte ingrediente, amesteca si serveste ca salata.

Nutriție: Calorii 322, grăsimi 15,1, fibre 10, carbohidrați 22,0, proteine 7

sfeclă roșie cremoasă

Timp de preparare: 5 minute
Timp de preparare: 20 de minute
Porții: 4

Ingrediente:
- 1 kg de sfeclă, curățată și tăiată cubulețe
- 1 ceapa rosie, tocata
- 1 lingura ulei de masline
- ½ cană cremă de cocos
- 4 linguri de iaurt cu conținut scăzut de grăsimi
- 1 lingura de usturoi, tocat

Instrucțiuni:
1. Se incinge o tigaie cu ulei de masline la foc mediu, se adauga ceapa, se amesteca si se caleste timp de 4 minute.
2. Adaugam sfecla rosie, smantana si alte ingrediente, amestecam, fierbem la foc mediu inca 15 minute, impartim in farfurii si servim.

Nutriție: Calorii 250, grăsimi 13,4, fibre 3, carbohidrați 13,3, proteine 6,4

Amestecul de avocado și piper

Timp de preparare: 10 minute
Timp de preparare: 14 minute
Porții: 4

Ingrediente:
- 1 lingura ulei de avocado
- 1 lingurita boia dulce
- 1 kilogram de ardei gras amestecat, tăiat fâșii
- 1 avocado, decojit, fără sâmburi și tăiat la jumătate
- 1 lingurita praf de usturoi
- 1 lingurita rozmarin, uscat
- ½ cană bulion de legume cu conținut scăzut de sodiu
- piper negru după gust

Instrucțiuni:
1. Se incinge o tigaie cu ulei de masline la foc mediu, se adauga toti ardeii, se amesteca si se calesc 5 minute.
2. Adăugați restul ingredientelor, amestecați, gătiți încă 9 minute la foc mediu, împărțiți în farfurii și serviți.

Nutriție: Calorii 245, grăsimi 13,8, fibre 5, carbohidrați 22,5, proteine 5,4

Cartofi dulci prăjiți și sfeclă roșie

Timp de preparare: 10 minute
Timp de gătire: 1 oră
Porții: 4

Ingrediente:

- 3 linguri de ulei de măsline
- 2 cartofi dulci, curatati de coaja si taiati felii
- 2 sfeclă, decojită și tăiată felii
- 1 lingura oregano, tocat
- 1 lingura suc de lamaie
- piper negru după gust

Instrucțiuni:

1. Aranjați cartofii dulci și sfecla pe o foaie de copt căptușită, adăugați ingredientele rămase, amestecați, puneți la cuptor și coaceți la 375 de grade F timp de 1 oră.
2. Împărțiți în farfurii și serviți ca garnitură.

Nutriție: Calorii 240, grăsimi 11,2, fibre 4, carbohidrați 8,6, proteine 12,1

varză fiertă

Timp de preparare: 10 minute
Timp de preparare: 15 minute
Porții: 4

Ingrediente:
- 2 linguri de ulei de măsline
- 3 linguri de aminoacizi de cocos
- 1 kilogram de kale, mărunțită
- 1 ceapa rosie, tocata
- 2 catei de usturoi, tocati
- 1 lingura suc de lamaie
- 1 lingura coriandru, tocat

Instrucțiuni:
1. Se incinge o tigaie cu ulei de masline la foc mediu, se adauga ceapa si usturoiul si se calesc 5 minute.
2. Adaugam varza si celelalte ingrediente, amestecam, fierbem la foc mediu 10 minute, impartim in farfurii si servim.

Nutriție: Calorii 200, grăsimi 7,1, fibre 2, carbohidrați 6,4, proteine 6

morcovi condimentati

Timp de preparare: 10 minute
Timp de preparare: 20 de minute
Porții: 4

Ingrediente:
- 1 lingura suc de lamaie
- 1 lingura ulei de masline
- ½ linguriță de ienibahar măcinat
- ½ linguriță de chimion, măcinat
- ½ lingurita nucsoara, macinata
- 1 kilogram de morcovi pui, tăiați
- 1 lingura rozmarin, tocat
- piper negru după gust

Instrucțiuni:
1. Se amestecă morcovii cu sucul de lămâie, uleiul și alte ingrediente într-o tavă, se amestecă, se dau la cuptor și se coace la 400 de grade F timp de 20 de minute.
2. Împărțiți în farfurii și serviți.

Nutriție: Calorii 260, grăsimi 11,2, fibre 4,5, carbohidrați 8,3, proteine 4,3

anghinare cu lamaie

Timp de preparare: 10 minute
Timp de preparare: 20 de minute
Porții: 4

Ingrediente:
- 2 linguri de suc de lamaie
- 4 anghinare, tăiate și tăiate la jumătate
- 1 lingură mărar, tocat
- 2 linguri de ulei de măsline
- Un praf de piper negru

Instrucțiuni:
1. Aruncați anghinarea cu suc de lămâie și alte ingrediente într-o tigaie, amestecați ușor și coaceți la 400 de grade F timp de 20 de minute. Împărțiți în farfurii și serviți.

Nutriție: Calorii 140, grăsimi 7,3, fibre 8,9, carbohidrați 17,7, proteine 5,5

Broccoli, fasole și orez

Timp de preparare: 10 minute
Timp de preparare: 30 minute
Porții: 4

Ingrediente:
- 1 cana buchetele de broccoli tocate
- 1 cana fasole neagra conservata, nesarata, scursa
- 1 cană de orez alb
- 2 căni de supă de pui cu conținut scăzut de sodiu
- 2 lingurite de boia
- piper negru după gust

Instrucțiuni:
1. Se toarnă bulionul într-o cratiță, se pune la foc mediu, se adaugă orezul și alte ingrediente, se amestecă, se aduce la fierbere și se fierbe timp de 30 de minute, amestecând din când în când.
2. Împărțiți amestecul în farfurii și serviți ca garnitură.

Nutriție: Calorii 347, grăsimi 1,2, fibre 9, carbohidrați 69,3, proteine 15,1

Mix de dovleac prăjit

Timp de preparare: 10 minute
Timp de gătire: 45 de minute
Porții: 4

Ingrediente:
- 2 linguri de ulei de măsline
- 2 kilograme de dovleac, decojit și tăiat felii
- 1 lingura suc de lamaie
- 1 lingurita pudra de chili
- 1 lingurita praf de usturoi
- 2 lingurite de coriandru, tocat
- Un praf de piper negru

instrucțiuni
1. Aruncați dovleceii cu ulei și alte ingrediente într-o tigaie, amestecați ușor, coaceți la cuptor la 400 de grade F timp de 45 de minute, împărțiți între farfurii și serviți ca garnitură.

Nutriție: Calorii 167, grăsimi 7,4, fibre 4,9, carbohidrați 27,5, proteine 2,5

sparanghel cremos

Timp de preparare: 5 minute
Timp de preparare: 20 de minute
Porții: 4

Ingrediente:
- ½ lingurita nucsoara, macinata
- 1 kilogram de sparanghel, tăiat și tăiat la jumătate
- 1 cana crema de cocos
- 1 ceapa galbena, tocata
- 2 linguri de ulei de măsline
- 1 lingura suc de lamaie
- 1 lingura coriandru, tocat

Instrucțiuni:
1. Se incinge o tigaie cu ulei de masline la foc mediu, se adauga ceapa si nucsoara, se amesteca si se calesc 5 minute.
2. Adăugați sparanghelul și alte ingrediente, amestecați, aduceți la fierbere și fierbeți la foc mediu timp de 15 minute.
3. Împărțiți în farfurii și serviți.

Nutriție: Calorii 236, grăsimi 21,6, fibre 4,4, carbohidrați 11,4, proteine 4,2

Mix de busuioc de napi

Timp de preparare: 10 minute
Timp de preparare: 15 minute
Porții: 4

Ingrediente:
- 1 lingura ulei de avocado
- 4 napi, feliați
- ¼ cană busuioc, tocat
- piper negru după gust
- ¼ cană bulion de legume cu conținut scăzut de sodiu
- ½ cană nuci, tocate
- 2 catei de usturoi, tocati

Instrucțiuni:
1. Se incinge o tigaie cu ulei de masline la foc mediu, se adauga usturoiul si napii si se prajesc 5 minute.
2. Adăugați restul ingredientelor, amestecați, gătiți încă 10 minute, împărțiți în farfurii și serviți.

Nutriție: Calorii 140, grăsimi 9,7, fibre 3,3, carbohidrați 10,5, proteine 5

Un amestec de orez și capere

Timp de preparare: 10 minute
Timp de preparare: 20 de minute
Porții: 4

Ingrediente:
- 1 cană de orez alb
- 1 lingura capere, tocate
- 2 căni de supă de pui cu conținut scăzut de sodiu
- 1 ceapa rosie, tocata
- 1 lingura ulei de avocado
- 1 lingura coriandru, tocat
- 1 lingurita boia dulce

Instrucțiuni:
1. Se incinge o tigaie cu ulei la foc mediu, se adauga ceapa, se amesteca si se caleste 5 minute.
2. Adăugați orezul, caperele și alte ingrediente, amestecați, aduceți la fierbere și gătiți timp de 15 minute.
3. Împărțiți amestecul în farfurii și serviți ca garnitură.

Nutriție: Calorii 189, grăsimi 0,9, fibre 1,6, carbohidrați 40,2, proteine 4,3

Un amestec de spanac și varză

Timp de preparare: 5 minute
Timp de preparare: 15 minute
Porții: 4

Ingrediente:
- 2 cesti baby spanac
- 5 căni de varză, tocată
- 2 salote tocate
- 2 catei de usturoi, tocati
- 1 cana rosii conservate nesarate, tocate
- 1 lingura ulei de masline

Instrucțiuni:
1. Se încălzește o tigaie cu ulei de măsline la foc mediu, se adaugă șalota, se amestecă și se călește timp de 5 minute.
2. Adăugați spanacul, kale și alte ingrediente, amestecați, gătiți încă 10 minute, împărțiți în farfurii și serviți ca garnitură.

Nutriție: Calorii 89, grăsimi 3,7, fibre 2,2, carbohidrați 12,4, proteine 3,6

Mix de creveți și ananas

Timp de preparare: 10 minute
Timp de preparare: 10 minute
Porții: 4

Ingrediente:
- 1 lingura ulei de masline
- 1 kg de creveți, curățați și eviscerați
- 1 cană de ananas decojit și tocat
- 1 suc de lamaie
- O crenguță de pătrunjel, tocat

Instrucțiuni:
1. Încinge o tigaie cu ulei la foc mediu, adaugă creveții și gătește timp de 3 minute pe fiecare parte.
2. Adăugați restul ingredientelor, gătiți încă 4 minute, împărțiți în boluri și serviți.

Nutriție: Calorii 254, grăsimi 13,3, fibre 6, carbohidrați 14,9, proteine 11

Somon și măsline verzi

Timp de preparare: 10 minute
Timp de preparare: 20 de minute
Porții: 4

Ingrediente:

- 1 ceapa galbena, tocata
- 1 cană măsline verzi, fără sâmburi și tăiate la jumătate
- 1 lingurita pudra de chili
- piper negru după gust
- 2 linguri de ulei de măsline
- ¼ cană bulion de legume cu conținut scăzut de sodiu
- 4 fileuri de somon fără piele și fără os
- 2 linguri de usturoi, tocat

Instrucțiuni:

1. Se incinge o tigaie cu ulei la foc mediu, se adauga ceapa si se caleste 3 minute.
2. Adăugați somonul și gătiți timp de 5 minute pe fiecare parte. Adaugati restul ingredientelor, gatiti inca 5 minute, impartiti in farfurii si serviti.

Nutriție: Calorii 221, grăsimi 12,1, fibre 5,4, carbohidrați 8,5, proteine 11,2

somon și fenicul

Timp de preparare: 5 minute
Timp de preparare: 15 minute
Porții: 4

Ingrediente:
- 4 fileuri medii de somon, fără piele și fără os
- 1 bulb de fenicul, tocat
- ½ cană bulion de legume cu conținut scăzut de sodiu
- 2 linguri de ulei de măsline
- piper negru după gust
- ¼ cană bulion de legume cu conținut scăzut de sodiu
- 1 lingura suc de lamaie
- 1 lingura coriandru, tocat

Instrucțiuni:
1. Se incinge o tigaie cu ulei de masline la foc mediu, se adauga feniculul si se caleste timp de 3 minute.
2. Adăugați peștele și gătiți timp de 4 minute pe fiecare parte.
3. Se adauga restul ingredientelor, se fierbe totul inca 4 minute, se distribuie pe farfurii si se serveste.

Nutriție: Calorii 252, grăsimi 9,3, fibre 4,2, carbohidrați 12,3, proteine 9

cod si sparanghel

Timp de preparare: 10 minute
Timp de preparare: 14 minute
Porții: 4

Ingrediente:
- 1 lingura ulei de masline
- 1 ceapa rosie, tocata
- 1 kg file de cod, dezosate
- 1 buchet de sparanghel, tuns
- piper negru după gust
- 1 cana crema de cocos
- 1 lingura de usturoi, tocat

Instrucțiuni:
1. Se incinge o tigaie cu ulei de masline la foc mediu, se adauga ceapa si codul si se calesc 3 minute pe fiecare parte.
2. Se adauga restul ingredientelor, se fierbe totul inca 8 minute, se distribuie pe farfurii si se serveste.

Nutriție: Calorii 254, grăsimi 12,1, fibre 5,4, carbohidrați 4,2, proteine 13,5

creveți condimentați

Timp de preparare: 5 minute
Timp de preparare: 8 minute
Porții: 4

Ingrediente:
- 1 lingurita praf de usturoi
- 1 lingurita boia afumata
- 1 lingurita de chimion, macinat
- 1 linguriță de ienibahar măcinat
- 2 linguri de ulei de măsline
- 2 kg de creveți, curățați și eviscerați
- 1 lingura de usturoi, tocat

Instrucțiuni:
1. Se incinge o tigaie cu ulei de masline la foc mediu, se adauga crevetii, prazul si alte ingrediente, se calesc 4 minute pe fiecare parte, se imparte in boluri si se servesc.

Nutriție: Calorii 212, grăsimi 9,6, fibre 5,3, carbohidrați 12,7, proteine 15,4

biban de mare și roșii

Timp de preparare: 10 minute
Timp de preparare: 30 minute
Porții: 4

Ingrediente:
- 2 linguri de ulei de măsline
- 2 kg file de biban de mare fără piele și fără os
- piper negru după gust
- 2 căni de roșii cherry, tăiate la jumătate
- 1 lingura de usturoi, tocat
- 1 lingura coaja de lamaie, rasa
- ¼ cană suc de lămâie

Instrucțiuni:
1. Ungeți o tavă de copt cu ulei și puneți peștele înăuntru.
2. Adăugați roșiile și alte ingrediente, puneți tava la cuptor și coaceți la 380 de grade F timp de 30 de minute.
3. Împărțiți totul în farfurii și serviți.

Nutriție: Calorii 272, grăsimi 6,9, fibre 6,2, carbohidrați 18,4, proteine 9

creveți și fasole

Timp de preparare: 10 minute
Timp de gătire: 12 minute
Porții: 4

Ingrediente:
- 1 kg de creveți, curățați și eviscerați
- 1 lingura ulei de masline
- suc de 1 lime
- 1 cana fasole neagra conservata, nesarata, scursa
- 1 eșalotă tocată
- 1 lingura oregano, tocat
- 2 catei de usturoi, tocati
- piper negru după gust

Instrucțiuni:
1. Se încălzește o tigaie cu ulei de măsline la foc mediu, se adaugă eșalota și usturoiul, se amestecă și se călesc timp de 3 minute.
2. Adaugati crevetii si gatiti 2 minute pe fiecare parte.
3. Adăugați fasolea și alte ingrediente, gătiți totul la foc mediu încă 5 minute, împărțiți în boluri și serviți.

Nutriție: calorii 253, grăsimi 11,6, fibre 6, carbohidrați 14,5, proteine 13,5

Amestecul de creveți și hrean

Timp de preparare: 5 minute
Timp de preparare: 8 minute
Porții: 4

Ingrediente:
- 1 kg de creveți, curățați și eviscerați
- 2 salote tocate
- 1 lingura ulei de masline
- 1 lingura de usturoi, tocat
- 2 lingurite de hrean preparat
- ¼ cană cremă de cocos
- piper negru după gust

Instrucțiuni:
4 Se încălzește o tigaie cu ulei de măsline la foc mediu, se adaugă eșalota și hreanul, se amestecă și se călesc timp de 2 minute.
5 Adăugați creveții și alte ingrediente, amestecați, gătiți încă 6 minute, împărțiți în farfurii și serviți.

Nutriție: Calorii 233, grăsimi 6, fibre 5, carbohidrați 11,9, proteine 5,4

Salată de creveți și tarhon

Timp de preparare: 4 minute
Timp de preparare: 0 minute
Porții: 4

Ingrediente:
- 1 kilogram de creveți, fierți, curățați și eviscerați
- 1 lingura tarhon, tocat
- 1 lingura capere, scurse
- 2 linguri de ulei de măsline
- piper negru după gust
- 2 cesti baby spanac
- 1 lingura otet balsamic
- 1 ceapa rosie mica, tocata
- 2 linguri de suc de lamaie

Instrucțiuni:
4 Amestecați creveții cu tarhonul și celelalte ingrediente într-un bol, amestecați și serviți.

Nutriție: Calorii 258, grăsimi 12,4, fibre 6, carbohidrați 6,7, proteine 13,3

codfish parmigiana

Timp de preparare: 10 minute
Timp de preparare: 20 de minute
Porții: 4

Ingrediente:
- 4 file de cod dezosat
- ½ cană de brânză parmezan cu conținut scăzut de grăsimi, rasă
- 3 catei de usturoi, tocati
- 1 lingura ulei de masline
- 1 lingura suc de lamaie
- ½ cană ceapă verde, tocată

Instrucțiuni:
1. Se incinge o tigaie cu ulei de masline la foc mediu, se adauga usturoiul si arpagicul, se amesteca si se calesc 5 minute.
2. Adăugați peștele și gătiți timp de 4 minute pe fiecare parte.
3. Se toarnă zeama de lămâie, se presară parmezan deasupra, se fierbe totul încă 2 minute, se împarte în farfurii și se servește.

Nutriție: Calorii 275, grăsimi 22,1, fibre 5, carbohidrați 18,2, proteine 12

Mix de tilapia și ceapă roșie

Timp de preparare: 10 minute
Timp de preparare: 15 minute
Porții: 4

Ingrediente:

- 4 fileuri de tilapia dezosate
- 2 linguri de ulei de măsline
- 1 lingura suc de lamaie
- 2 lingurite coaja de lamaie, rasa
- 2 cepe roșii, tocate grosier
- 3 linguri de usturoi, tocat

Instrucțiuni:

1. Se incinge o tigaie cu ulei de masline la foc mediu, se adauga ceapa, coaja si sucul de lamaie, se amesteca si se calesc 5 minute.
2. Adăugați peștele și arpagicul, gătiți 5 minute pe fiecare parte, împărțiți în farfurii și serviți.

Nutriție: Calorii 254, grăsimi 18,2, fibre 5,4, carbohidrați 11,7, proteine 4,5

salata de pastrav

Timp de preparare: 6 minute
Timp de preparare: 0 minute
Porții: 4

Ingrediente:

- 4 uncii de păstrăv afumat, fără piele, dezosat și cuburi
- 1 lingura suc de lamaie
- 1/3 cană iaurt cu conținut scăzut de grăsimi
- 2 avocado, decojite, fără sâmburi și tocate
- 3 linguri de usturoi, tocat
- piper negru după gust
- 1 lingura ulei de masline

Instrucțiuni:

1. Într-un castron, amestecați păstrăvul cu avocado și alte ingrediente, amestecați și serviți.

Nutriție: Calorii 244, grăsimi 9,45, fibre 5,6, carbohidrați 8,5, proteine 15

păstrăv balsamic

Timp de preparare: 5 minute
Timp de preparare: 15 minute
Porții: 4

Ingrediente:
- 3 linguri de otet balsamic
- 2 linguri de ulei de măsline
- 4 fileuri de păstrăv dezosate
- 3 linguri patrunjel, tocat marunt
- 2 catei de usturoi, tocati

Instrucțiuni:
1. Se incinge o tigaie cu ulei la foc mediu, se adauga pastravul si se prajeste 6 minute pe fiecare parte.
2. Adaugati restul ingredientelor, gatiti inca 3 minute, impartiti in farfurii si serviti cu o salata.

Nutriție: Calorii 314, grăsimi 14,3, fibre 8,2, carbohidrați 14,8, proteine 11,2

patrunjel patrunjel

Timp de preparare: 5 minute
Timp de gătire: 12 minute
Porții: 4

Ingrediente:
- 2 arpagic tocat
- 2 lingurite de suc de lamaie
- 1 lingura de usturoi, tocat
- 1 lingura ulei de masline
- 4 fileuri de somon dezosate
- piper negru după gust
- 2 linguri patrunjel, tocat

Instrucțiuni:
1. Se incinge o tigaie cu ulei de masline la foc mediu, se adauga ceapa, se amesteca si se caleste 2 minute.
2. Adăugați somonul și alte ingrediente, gătiți timp de 5 minute pe fiecare parte, împărțiți în farfurii și serviți.

Nutriție: Calorii 290, grăsimi 14,4, fibre 5,6, carbohidrați 15,6, proteine 9,5

Salata de pastrav si legume

Timp de preparare: 5 minute
Timp de preparare: 0 minute
Porții: 4

Ingrediente:
- 2 linguri de ulei de măsline
- ½ cană măsline kalamata, fără sâmburi și fără sâmburi
- piper negru după gust
- 1 kilogram de păstrăv afumat, dezosat, fără piele și cuburi
- ½ lingurita coaja de lamaie, rasa
- 1 lingura suc de lamaie
- 1 cană de roșii cherry, tăiate la jumătate
- ½ ceapă roșie, feliată
- 2 cesti pui de rucola

Instrucțiuni:
1. Se amestecă într-un bol păstrăvul afumat cu măsline, piper negru și alte ingrediente, se amestecă și se servește.

Nutriție: Calorii 282, grăsimi 13,4, fibre 5,3, carbohidrați 11,6, proteine 5,6

somon șofran

Timp de preparare: 10 minute
Timp de gătire: 12 minute
Porții: 4

Ingrediente:
- piper negru după gust
- ½ lingurita boia dulce
- 4 fileuri de somon dezosate
- 3 linguri de ulei de măsline
- 1 ceapa galbena, tocata
- 2 catei de usturoi, tocati
- ¼ de linguriță pudră de turmeric

Instrucțiuni:
1. Se încălzește o tigaie cu ulei de măsline la foc mediu-mare, se adaugă ceapa și usturoiul, se amestecă și se călesc timp de 2 minute.
2. Adăugați somonul și alte ingrediente, gătiți timp de 5 minute pe fiecare parte, împărțiți în farfurii și serviți.

Nutriție: Calorii 339, grăsimi 21,6, fibre 0,7, carbohidrați 3,2, proteine 35

Salată de creveți și pepene verde

Timp de preparare: 10 minute
Timp de preparare: 0 minute
Porții: 4

Ingrediente:
- ¼ cană busuioc, tocat
- 2 căni de pepene verde, decojit și tăiat cubulețe
- 2 linguri de otet balsamic
- 2 linguri de ulei de măsline
- 1 kilogram de creveți, decojiți, curățați și fierți
- piper negru după gust
- 1 lingura patrunjel, tocat

Instrucțiuni:
1. Într-un castron, amestecați creveții cu pepenele verde și celelalte ingrediente, amestecați și serviți.

Nutriție: Calorii 220, grăsimi 9, fibre 0,4, carbohidrați 7,6, proteine 26,4

Salată de creveți cu oregano și quinoa

Timp de preparare: 5 minute
Timp de preparare: 8 minute
Porții: 4

Ingrediente:
- 1 kg de creveți, curățați și eviscerați
- 1 cană quinoa, fiartă
- piper negru după gust
- 1 lingura ulei de masline
- 1 lingura oregano, tocat
- 1 ceapa rosie, tocata
- 1 suc de lamaie

Instrucțiuni:
1. Se incinge o tigaie cu ulei de masline la foc mediu, se adauga ceapa, se amesteca si se caleste 2 minute.
2. Adăugați creveții, amestecați și gătiți timp de 5 minute.
3. Se adauga restul ingredientelor, se amesteca, se imparte totul in boluri si se serveste.

Nutriție: Calorii 336, grăsimi 8,2, fibre 4,1, carbohidrați 32,3, proteine 32,3

salata de crabi

Timp de preparare: 10 minute
Timp de preparare: 0 minute
Porții: 4

Ingrediente:
- 1 lingura ulei de masline
- 2 căni de carne de crab
- piper negru după gust
- 1 cană de roșii cherry, tăiate la jumătate
- 1 eșalotă tocată
- 1 lingura suc de lamaie
- 1/3 cana coriandru, tocat

Instrucțiuni:
1. Într-un castron, amestecați crabii cu roșiile și alte ingrediente, amestecați și serviți.

Nutriție: Calorii 54, grăsimi 3,9, fibre 0,6, carbohidrați 2,6, proteine 2,3

scoici balsamic

Timp de preparare: 4 minute
Timp de preparare: 6 minute
Porții: 4

Ingrediente:
- 12 uncii de scoici
- 2 linguri de ulei de măsline
- 2 catei de usturoi, tocati
- 1 lingura otet balsamic
- 1 cană de arpagic, tocat
- 2 linguri coriandru, tocat

Instrucțiuni:
1. Se incinge o tigaie cu ulei de masline la foc mediu, se adauga ceapa si usturoiul si se calesc 2 minute.
2. Adăugați scoici și alte ingrediente, gătiți timp de 2 minute pe fiecare parte, împărțiți în farfurii și serviți.

Nutriție: Calorii 146, grăsimi 7,7, fibre 0,7, carbohidrați 4,4, proteine 14,8

Mix cremos de talpă

Timp de preparare: 10 minute
Timp de preparare: 20 de minute
Porții: 4

Ingrediente:
- 2 linguri de ulei de măsline
- 1 ceapa rosie, tocata
- piper negru după gust
- ½ cană bulion de legume cu conținut scăzut de sodiu
- 4 file de limbă, dezosate
- ½ cană cremă de cocos
- 1 lingură mărar, tocat

Instrucțiuni:
1. Se incinge o tigaie cu ulei la foc mediu, se adauga ceapa, se amesteca si se caleste 5 minute.
2. Adăugați peștele și gătiți timp de 4 minute pe fiecare parte.
3. Adaugati restul ingredientelor, gatiti inca 7 minute, impartiti in farfurii si serviti.

Nutriție: Calorii 232, grăsimi 12,3, fibre 4, carbohidrați 8,7, proteine 12

Mix picant de somon și mango

Timp de preparare: 5 minute
Timp de preparare: 0 minute
Porții: 4

Ingrediente:
- 1 kilogram de somon afumat, dezosat, fără piele și fulgi
- piper negru după gust
- 1 ceapa rosie, tocata
- 1 mango, decojit, fără sămânță și tocat
- 2 ardei jalapeno tocati
- ¼ cană pătrunjel, tocat
- 3 linguri de suc de lamaie
- 1 lingura ulei de masline

Instrucțiuni:
2. Amestecați somonul cu piper negru și alte ingrediente într-un bol, amestecați și serviți.

Nutriție: Calorii 323, grăsimi 14,2, fibre 4, carbohidrați 8,5, proteine 20,4

Amestecul de mărar de creveți

Timp de preparare: 5 minute
Timp de preparare: 0 minute
Porții: 4

Ingrediente:
- 2 lingurite de suc de lamaie
- 1 lingura ulei de masline
- 1 lingură mărar, tocat
- 1 kilogram de creveți, fierți, curățați și eviscerați
- piper negru după gust
- 1 cană ridichi, tăiate cubulețe

Instrucțiuni:
1. Combinați creveții cu sucul de lămâie și alte ingrediente într-un castron, amestecați și serviți.

Nutriție: Calorii 292, grăsimi 13, fibre 4,4, carbohidrați 8, proteine 16,4

Pate de somon

Timp de preparare: 4 minute
Timp de preparare: 0 minute
Porții: 6

Ingrediente:
- 6 uncii de somon afumat, dezosat, fără piele și mărunțit
- 2 linguri de iaurt cu conținut scăzut de grăsimi
- 3 lingurite de suc de lamaie
- 2 arpagic tocat
- 8 uncii cremă de brânză cu conținut scăzut de grăsimi
- ¼ cană coriandru, tocat

Instrucțiuni:
1. Amestecați somonul cu iaurt și alte ingrediente într-un castron, amestecați și serviți rece.

Nutriție: Calorii 272, grăsimi 15,2, fibre 4,3, carbohidrați 16,8, proteine 9,9

creveți cu anghinare

Timp de preparare: 4 minute
Timp de preparare: 8 minute
Porții: 4

Ingrediente:
- 2 cepe verde, tocate
- 1 cana de anghinare conservata nesarata, scursa si taiata in sferturi
- 2 linguri coriandru, tocat
- 1 kg de creveți, curățați și eviscerați
- 1 cană de roșii cherry, tăiate cubulețe
- 1 lingura ulei de masline
- 1 lingura otet balsamic
- Un praf de sare si piper negru

Instrucțiuni:
1. Se incinge o tigaie cu ulei de masline la foc mediu, se adauga ceapa si anghinarea, se amesteca si se calesc 2 minute.
2. Adăugați creveții, amestecați și gătiți la foc mediu timp de 6 minute.
3. Împărțiți totul în boluri și serviți.

Nutriție: calorii 260, grăsimi 8,23, fibre 3,8, carbohidrați 14,3, proteine 12,4

Creveți cu sos de lămâie

Timp de preparare: 5 minute
Timp de preparare: 8 minute
Porții: 4

Ingrediente:
- 1 kg de creveți, curățați și eviscerați
- 2 linguri de ulei de măsline
- 1 coaja de lamaie, rasa
- Suc de ½ lămâie
- 1 lingura de usturoi, tocat

Instrucțiuni:
1. Se încălzește o tigaie cu ulei de măsline la foc mediu-mare, se adaugă coaja de lămâie, sucul de lămâie și coriandru, se amestecă și se fierbe timp de 2 minute.
2. Adaugati crevetii, gatiti inca 6 minute, impartiti in farfurii si serviti.

Nutriție: Calorii 195, grăsimi 8,9, fibre 0, carbohidrați 1,8, proteine 25,9

Un amestec de ton și portocale

Timp de preparare: 5 minute
Timp de gătire: 12 minute
Porții: 4

Ingrediente:
- 4 fileuri de ton dezosate
- piper negru după gust
- 2 linguri de ulei de măsline
- 2 salote tocate
- 3 linguri de suc de portocale
- 1 portocala, curatata si taiata felii
- 1 lingura oregano, tocat

Instrucțiuni:
1. Se încălzește o tigaie cu ulei de măsline la foc mediu, se adaugă șalota, se amestecă și se călește timp de 2 minute.
2. Adăugați tonul și alte ingrediente, gătiți încă 10 minute, împărțiți în farfurii și serviți.

Nutriție: Calorii 457, grăsimi 38,2, fibre 1,6, carbohidrați 8,2, proteine 21,8

curry de somon

Timp de preparare: 10 minute
Timp de preparare: 20 de minute
Porții: 4

Ingrediente:
- 1 kg fileuri de somon, dezosate și tăiate cubulețe
- 3 linguri pasta de curry rosu
- 1 ceapa rosie, tocata
- 1 lingurita boia dulce
- 1 cana crema de cocos
- 1 lingura ulei de masline
- piper negru după gust
- ½ cană supă de pui cu conținut scăzut de sodiu
- 3 linguri busuioc, tocat

Instrucțiuni:
1. Se incinge o tigaie cu ulei de masline la foc mediu, se adauga ceapa, ardeiul si pasta de curry, se amesteca si se fierbe 5 minute.
2. Adăugați somonul și alte ingrediente, amestecați ușor, gătiți la foc mediu timp de 15 minute, împărțiți în boluri și serviți.

Nutriție: Calorii 377, grăsimi 28,3, fibre 2,1, carbohidrați 8,5, proteine 23,9

Amestecul de somon și morcovi

Timp de preparare: 10 minute
Timp de preparare: 15 minute
Porții: 4

Ingrediente:
- 4 fileuri de somon dezosate
- 1 ceapa rosie, tocata
- 2 morcovi, feliați
- 2 linguri de ulei de măsline
- 2 linguri de otet balsamic
- piper negru după gust
- 2 linguri de usturoi, tocat
- ¼ cană bulion de legume cu conținut scăzut de sodiu

Instrucțiuni:
1. Se incinge o tigaie cu ulei de masline la foc mediu, se adauga ceapa si morcovul, se amesteca si se calesc 5 minute.
2. Adaugam somonul si celelalte ingrediente, prajim totul inca 10 minute, il distribuim pe farfurii si servim.

Nutriție: Calorii 322, grăsimi 18, fibre 1,4, carbohidrați 6, proteine 35,2

Mix de creveți și nuci de pin

Timp de preparare: 10 minute
Timp de preparare: 10 minute
Porții: 4

Ingrediente:
- 1 kg de creveți, curățați și eviscerați
- 2 linguri de nuci de pin
- 1 lingura suc de lamaie
- 2 linguri de ulei de măsline
- 3 catei de usturoi, tocati
- piper negru după gust
- 1 lingura de cimbru, tocat
- 2 linguri de arpagic, tocat marunt

Instrucțiuni:
1. Se încălzește o tigaie cu ulei de măsline la foc mediu-mare, se adaugă usturoiul, cimbrul, nucile de pin și sucul de lamaie, se amestecă și se fierbe timp de 3 minute.
2. Adăugați creveții, piperul negru și arpagicul, amestecați, gătiți încă 7 minute, împărțiți în farfurii și serviți.

Nutriție: Calorii 290, grăsimi 13, fibre 4,5, carbohidrați 13,9, proteine 10

Cod cu ardei si fasole verde

Timp de preparare: 10 minute
Timp de preparare: 14 minute
Porții: 4

Ingrediente:
- 4 file de cod dezosat
- ½ kilogram de fasole verde, tăiată și tăiată la jumătate
- 1 lingura suc de lamaie
- 1 lingura coaja de lamaie, rasa
- 1 ceapa galbena, tocata
- 2 linguri de ulei de măsline
- 1 lingurita de chimion, macinat
- 1 lingurita pudra de chili
- ½ cană bulion de legume cu conținut scăzut de sodiu
- Un praf de sare si piper negru

Instrucțiuni:
1. Se incinge o tigaie cu ulei la foc mediu-mare, se adauga ceapa, se amesteca si se caleste 2 minute.
2. Adăugați peștele și gătiți timp de 3 minute pe fiecare parte.
3. Adaugam fasolea verde si celelalte ingrediente, amestecam usor, fierbem inca 7 minute, impartim in farfurii si servim.

Nutriție: Calorii 220, grăsimi 13, carbohidrați 14,3, fibre 2,3, proteine 12

scoici de usturoi

Timp de preparare: 5 minute
Timp de preparare: 8 minute
Porții: 4

Ingrediente:
- 12 scoici
- 1 ceapa rosie, taiata felii
- 2 linguri de ulei de măsline
- ½ lingurita de usturoi, tocat
- 2 linguri de suc de lamaie
- piper negru după gust
- 1 lingurita otet balsamic

Instrucțiuni:
1. Se incinge o tigaie cu ulei de masline la foc mediu, se adauga ceapa si usturoiul si se calesc 2 minute.
2. Adăugați scoici și alte ingrediente, gătiți la foc mediu încă 6 minute, împărțiți în farfurii și serviți fierbinți.

Nutriție: Calorii 259, grăsimi 8, fibre 3, carbohidrați 5,7, proteine 7

Mix cremos de biban de mare

Timp de preparare: 10 minute
Timp de preparare: 14 minute
Porții: 4

Ingrediente:
- 4 fileuri de biban de mare dezosate
- 1 cana crema de cocos
- 1 ceapa galbena, tocata
- 1 lingura suc de lamaie
- 2 linguri de ulei de avocado
- 1 lingura patrunjel, tocat
- Un praf de piper negru

Instrucțiuni:
1. Se incinge o tigaie cu ulei de masline la foc mediu, se adauga ceapa, se amesteca si se caleste 2 minute.
2. Adăugați peștele și gătiți timp de 4 minute pe fiecare parte.
3. Se adauga restul ingredientelor, se fierbe totul inca 4 minute, se distribuie pe farfurii si se serveste.

Nutriție: Calorii 283, grăsimi 12,3, fibre 5, carbohidrați 12,5, proteine 8

Un amestec de biban de mare și ciuperci

Timp de preparare: 10 minute
Timp de gătire: 13 minute
Porții: 4

Ingrediente:
- 4 fileuri de biban de mare dezosate
- 2 linguri de ulei de măsline
- piper negru după gust
- ½ cană ciuperci albe feliate
- 1 ceapa rosie, tocata
- 2 linguri de otet balsamic
- 3 linguri coriandru, tocat

Instrucțiuni:
1. Se incinge o tigaie cu ulei de masline la foc mediu, se adauga ceapa si ciupercile, se amesteca si se fierbe 5 minute.
2. Adaugati pestele si alte ingrediente, gatiti 4 minute pe fiecare parte, impartiti in farfurii si serviti.

Nutriție: calorii 280, grăsimi 12,3, fibre 8, carbohidrați 13,6, proteine 14,3

supa de somon

Timp de preparare: 5 minute
Timp de preparare: 20 de minute
Porții: 4

Ingrediente:
- 1 kg file de somon, dezosate, fără piele și tăiate cubulețe
- 1 cana ceapa galbena, tocata
- 2 linguri de ulei de măsline
- piper negru după gust
- 2 căni de bulion de legume cu conținut scăzut de sodiu
- 1 cană și jumătate de roșii mărunțite
- 1 lingura busuioc, tocat

Instrucțiuni:
1. Se incinge o tigaie cu ulei de masline la foc mediu, se adauga ceapa, se amesteca si se caleste 5 minute.
2. Adăugați somonul și alte ingrediente, aduceți la fiert și fierbeți la foc mediu timp de 15 minute.
3. Împărțiți supa între boluri și serviți.

Nutriție: Calorii 250, grăsimi 12,2, fibre 5, carbohidrați 8,5, proteine 7

Creveți Nucșoară

Timp de preparare: 3 minute
Timp de preparare: 6 minute
Porții: 4

Ingrediente:
- 1 kg de creveți, curățați și eviscerați
- 2 linguri de ulei de măsline
- 1 lingura suc de lamaie
- 1 lingura nucsoara, macinata
- piper negru după gust
- 1 lingura coriandru, tocat

Instrucțiuni:
1. Se încălzește o tigaie cu ulei la foc mediu, se adaugă creveții, sucul de lămâie și alte ingrediente, se amestecă, se fierbe timp de 6 minute, se împarte în boluri și se servesc.

Nutriție: Calorii 205, grăsimi 9,6, fibre 0,4, carbohidrați 2,7, proteine 26

Mix de creveți și fructe roșii

Timp de preparare: 4 minute
Timp de preparare: 6 minute
Porții: 4

Ingrediente:
- 1 kg de creveți, curățați și eviscerați
- ½ cană de roșii, tăiate cubulețe
- 2 linguri de ulei de măsline
- 1 lingura otet balsamic
- ½ cană de căpșuni feliate
- piper negru după gust

Instrucțiuni:
1. Se incinge o tigaie cu ulei la foc mediu, se adauga crevetii, se amesteca si se fierbe 3 minute.
2. Adăugați restul ingredientelor, amestecați, gătiți încă 3-4 minute, împărțiți în boluri și serviți.

Nutriție: Calorii 205, grăsimi 9, fibre 0,6, carbohidrați 4, proteine 26,2

păstrăv lamaie copt

Timp de preparare: 10 minute
Timp de preparare: 30 minute
Porții: 4

Ingrediente:
- 4 păstrăvi
- 1 lingura coaja de lamaie, rasa
- 2 linguri de ulei de măsline
- 2 linguri de suc de lamaie
- Un praf de piper negru
- 2 linguri coriandru, tocat

Instrucțiuni:
1. Într-o tavă de copt, amestecați peștele cu coaja de lămâie și alte ingrediente și frecați.
2. Coaceți la 370 de grade F timp de 30 de minute, împărțiți în farfurii și serviți.

Nutriție: Calorii 264, grăsimi 12,3, fibre 5, carbohidrați 7, proteine 11

Arpagic Scoici

Timp de preparare: 3 minute
Timp de preparare: 4 minute
Porții: 4

Ingrediente:
- 12 scoici
- 2 linguri de ulei de măsline
- piper negru după gust
- 2 linguri de usturoi, tocat
- 1 lingura boia dulce

Instrucțiuni:
1. Încinge o tigaie cu ulei de măsline la foc mediu, adaugă scoici, boia de ardei și ingredientele rămase și gătește 2 minute pe fiecare parte.
2. Împărțiți în farfurii și serviți cu salată.

Nutriție: Calorii 215, grăsimi 6, fibre 5, carbohidrați 4,5, proteine 11

cotlete de ton

Timp de preparare: 10 minute
Timp de preparare: 30 minute
Porții: 4

Ingrediente:
- 2 linguri de ulei de măsline
- 1 kilogram de ton, fără piele, dezosat și tocat
- 1 ceapa galbena, tocata
- ¼ cană usturoi, tocat
- 1 ou, batut
- 1 lingură făină de cocos
- Un praf de sare si piper negru

Instrucțiuni:
1. Intr-un castron amestecam tonul cu ceapa si celelalte ingrediente, cu exceptia uleiului, amestecam bine si formam chiftele de marime medie cu acest amestec.
2. Aranjați chiftelele pe o foaie de copt, ungeți cu ulei, coaceți la 350 de grade F, coaceți timp de 30 de minute, împărțiți în farfurii și serviți.

Nutriție: calorii 291, grăsimi 14,3, fibre 5, carbohidrați 12,4, proteine 11

tigaie cu somon

Timp de preparare: 10 minute
Timp de gătire: 12 minute
Porții: 4

Ingrediente:
- 4 fileuri de somon, dezosate si tocate grosier
- 2 linguri de ulei de măsline
- 1 ardei gras rosu, taiat fasii
- 1 dovlecel, tocat grosier
- 1 vinete, tocata grosier
- 1 lingura suc de lamaie
- 1 lingură mărar, tocat
- ¼ cană bulion de legume cu conținut scăzut de sodiu
- 1 lingurita praf de usturoi
- Un praf de piper negru

Instrucțiuni:
1. Se incinge o tigaie cu ulei la foc mediu spre mare, se adauga ardeiul gras, dovlecelul si vinetele, se amesteca si se calesc timp de 3 minute.
2. Adăugați somonul și alte ingrediente, amestecați ușor, gătiți încă 9 minute, împărțiți în farfurii și serviți.

Nutriție: Calorii 348, grăsimi 18,4, fibre 5,3, carbohidrați 11,9, proteine 36,9

amestec de cod cu mustar

Timp de preparare: 10 minute
Timp de gătire: 25 minute
Porții: 4

Ingrediente:
- 4 file de cod fără piele și dezosat
- Un praf de piper negru
- 1 lingurita de ghimbir, ras
- 1 lingura mustar
- 2 linguri de ulei de măsline
- 1 lingurita de cimbru, uscat
- ¼ linguriță de chimen, măcinat
- 1 lingurita pudra de turmeric
- ¼ cană coriandru, tocat
- 1 cană bulion de legume cu conținut scăzut de sodiu
- 3 catei de usturoi, tocati

Instrucțiuni:
1. Se amestecă codul cu piper negru, ghimbir și alte ingrediente într-o tavă, se amestecă ușor și se coace la 380 de grade F timp de 25 de minute.
2. Împărțiți amestecul în farfurii și serviți.

Nutriție: Calorii 176, grăsimi 9, fibre 1, carbohidrați 3,7, proteine 21,2

Mix de creveți și sparanghel

Timp de preparare: 10 minute
Timp de preparare: 14 minute
Porții: 4

Ingrediente:
- 1 buchet de sparanghel taiat in jumatate
- 1 kg de creveți, curățați și eviscerați
- piper negru după gust
- 2 linguri de ulei de măsline
- 1 ceapa rosie, tocata
- 2 catei de usturoi, tocati
- 1 cana crema de cocos

Instrucțiuni:
1. Se incinge o tigaie cu ulei de masline la foc mediu, se adauga ceapa, usturoiul si sparanghelul, se amesteca si se calesc 4 minute.
2. Adăugați creveții și alte ingrediente, amestecați, gătiți la foc mediu timp de 10 minute, împărțiți totul în boluri și serviți.

Nutriție: Calorii 225, grăsimi 6, fibre 3,4, carbohidrați 8,6, proteine 8

cod și mazăre

Timp de preparare: 10 minute
Timp de preparare: 20 de minute
Porții: 4

Ingrediente:
- 1 ceapa galbena, tocata
- 2 linguri de ulei de măsline
- ½ cană supă de pui cu conținut scăzut de sodiu
- 4 fileuri de cod, dezosate, fără piele
- piper negru după gust
- 1 cană de mazăre

Instrucțiuni:
1. Se incinge o tigaie cu ulei de masline la foc mediu, se adauga ceapa, se amesteca si se caleste timp de 4 minute.
2. Adăugați peștele și gătiți timp de 3 minute pe fiecare parte.
3. Adaugati mazarea si alte ingrediente, gatiti totul inca 10 minute, impartiti in farfurii si serviti.

Nutriție: Calorii 240, grăsimi 8,4, fibre 2,7, carbohidrați 7,6, proteine 14

Boluri cu creveți și midii

Timp de preparare: 5 minute
Timp de gătire: 12 minute
Porții: 4

Ingrediente:
- 1 kilogram de midii, decojite
- ½ cană supă de pui cu conținut scăzut de sodiu
- 1 kg de creveți, curățați și eviscerați
- 2 salote tocate
- 1 cană de roșii cherry, tăiate cubulețe
- 2 catei de usturoi, tocati
- 1 lingura ulei de masline
- 1 suc de lamaie

Instrucțiuni:
1. Se incinge uleiul intr-o tigaie la foc mediu, se adauga ceapa si usturoiul si se calesc 2 minute.
2. Adăugați creveții, midiile și alte ingrediente, gătiți totul la foc mediu timp de 10 minute, împărțiți în boluri și serviți.

Nutriție: Calorii 240, grăsimi 4,9, fibre 2,4, carbohidrați 11,6, proteine 8

crema de menta

Timp de configurare: 2 ore si 4 minute

Timp de preparare: 0 minute
Porții: 4

Ingrediente:
- 4 căni de iaurt cu conținut scăzut de grăsimi
- 1 cana crema de cocos
- 3 linguri stevia
- 2 lingurite coaja de lamaie, rasa
- 1 lingura de menta, tocata

Instrucțiuni:
1. Amestecați smântâna cu iaurtul și celelalte ingrediente într-un blender, bateți bine, împărțiți în căni mici și dați la frigider timp de 2 ore înainte de servire.

Nutriție: Calorii 512, grăsimi 14,3, fibre 1,5, carbohidrați 83,6, proteine 12,1

budincă de zmeură

Timp de preparare: 10 minute
Timp de preparare: 24 min
Porții: 4

Ingrediente:
- 1 cană de zmeură
- 2 lingurite zahar de cocos
- 3 oua, batute
- 1 lingura ulei de avocado
- ½ cană lapte de migdale
- ½ cană făină de cocos
- ¼ cană iaurt cu conținut scăzut de grăsimi

Instrucțiuni:
1. Într-un castron, amestecați zmeura cu zahărul și celelalte ingrediente, cu excepția spray-ului de gătit, și bateți bine.
2. Acoperiți un vas de budincă cu spray de gătit, turnați amestecul de zmeură, întindeți, coaceți la 400 de grade F timp de 24 de minute, împărțiți în farfurii de desert și serviți.

Nutriție: Calorii 215, grăsimi 11,3, fibre 3,4, carbohidrați 21,3, proteine 6,7

batoane de migdale

Timp de preparare: 10 minute
Timp de preparare: 30 minute
Porții: 4

Ingrediente:
- 1 cana migdale, tocate
- 2 ouă, bătute
- ½ cană lapte de migdale
- 1 lingurita extract de vanilie
- 2/3 cană zahăr de cocos
- 2 căni de făină integrală
- 1 lingurita drojdie pudra
- Spray de gatit

Instrucțiuni:
1. Într-un castron, amestecați migdalele cu ouă și alte ingrediente, cu excepția spray-ului de gătit și amestecați bine.
2. Se toarnă într-o formă pătrată unsă cu spray de gătit, se întinde bine, se coace 30 de minute, se lasă să se răcească, se taie în batoane și se servește.

Nutriție: calorii 463, grăsimi 22,5, fibre 11, carbohidrați 54,4, proteine 16,9

amestec de piersici prăjite

Timp de preparare: 10 minute
Timp de preparare: 30 minute
Porții: 4

Ingrediente:
- 4 piersici, fără sâmburi și tăiate la jumătate
- 1 lingură de zahăr de cocos
- 1 lingurita extract de vanilie
- ¼ linguriță de scorțișoară pudră
- 1 lingura ulei de avocado

Instrucțiuni:
1. Într-o tavă de copt, aruncați piersici cu zahăr și alte ingrediente, coaceți la 375 de grade F timp de 30 de minute, răciți și serviți.

Nutriție: calorii 91, grăsimi 0,8, fibre 2,5, carbohidrați 19,2, proteine 1,7

Tort cu nuci

Timp de preparare: 10 minute
Timp de gătire: 25 minute
Porții: 8

Ingrediente:
- 3 căni de făină de migdale
- 1 cană zahăr de cocos
- 1 lingura de extract de vanilie
- ½ cană nuci, tocate
- 2 lingurite de bicarbonat de sodiu
- 2 căni de lapte de cocos
- ½ cană ulei de cocos, topit

Instrucțiuni:
1. Se amestecă făina de migdale cu zahărul și alte ingrediente într-un castron, se bate bine, se toarnă în tavă, se întinde, se dă la cuptor la 370 de grade F, se coace timp de 25 de minute.
2. Lasam prajitura sa se raceasca, taiem si servim.

Nutriție: Calorii 445, grăsimi 10, fibre 6,5, carbohidrați 31,4, proteine 23,5

Plăcintă cu mere

Timp de preparare: 10 minute
Timp de preparare: 30 minute
Porții: 4

Ingrediente:
- 2 căni de făină de migdale
- 1 lingurita de bicarbonat de sodiu
- 1 lingurita drojdie pudra
- ½ linguriță de scorțișoară pudră
- 2 linguri de zahar de cocos
- 1 cană lapte de migdale
- 2 mere verzi, curatate de coaja, fara miez si feliate
- Spray de gatit

Instrucțiuni:
1. Într-un castron, amestecați făina cu bicarbonatul de sodiu, merele și celelalte ingrediente, cu excepția spray-ului de gătit, și bateți bine.
2. Se toarnă pe o foaie de copt unsă cu spray de gătit, se întinde uniform, se dă la cuptor și se coace la 360 de grade F timp de 30 de minute.
3. Se răcește tortul, se taie și se servește.

Nutriție: calorii 332, grăsimi 22,4, fibre 9l,6, carbohidrați 22,2, proteine 12,3

crema de scortisoara

Timp de preparare: 2 ore
Timp de preparare: 10 minute
Porții: 4

Ingrediente:
- 1 cană lapte de migdale cu conținut scăzut de grăsimi
- 1 cana crema de cocos
- 2 căni de zahăr de cocos
- 2 linguri de scorțișoară pudră
- 1 lingurita extract de vanilie

Instrucțiuni:
1. Se incinge tigaia cu laptele de migdale la foc mediu, se adauga restul ingredientelor, se bate si se fierbe inca 10 minute.
2. Împărțiți amestecul în boluri, răciți și dați la frigider timp de 2 ore înainte de servire.

Nutriție: Calorii 254, grăsimi 7,5, fibre 5, carbohidrați 16,4, proteine 9,5

Mix cremos de căpșuni

Timp de preparare: 10 minute
Timp de preparare: 0 minute
Porții: 4

Ingrediente:
- 1 lingurita extract de vanilie
- 2 cesti de capsuni tocate
- 1 lingurita zahar de cocos
- 8 uncii de iaurt cu conținut scăzut de grăsimi

Instrucțiuni:
1. Se amestecă căpșunile cu vanilia și celelalte ingrediente într-un bol, se amestecă și se servesc rece.

Nutriție: Calorii 343, grăsimi 13,4, fibre 6, carbohidrați 15,43, proteine 5,5

Brownies cu vanilie și nuci pecan

Timp de preparare: 10 minute
Timp de gătire: 25 minute
Porții: 8

Ingrediente:

- 1 cana nuci, tocate
- 3 linguri de zahar de cocos
- 2 linguri de cacao pudră
- 3 oua, batute
- ¼ cană ulei de cocos, topit
- ½ linguriță de praf de copt
- 2 lingurite de extract de vanilie
- Spray de gatit

Instrucțiuni:

1. Într-un robot de bucătărie, combinați nucile cu zahărul de cocos și alte ingrediente, cu excepția spray-ului de gătit și amestecați bine.
2. Pulverizați tava pătrată cu spray de gătit, turnați amestecul de tort, întindeți, puneți la cuptor, coaceți la 350 de grade F timp de 25 de minute, răciți, feliați și serviți.

Nutriție: Calorii 370, grăsimi 14,3, fibre 3, carbohidrați 14,4, proteine 5,6

tort de capsuni

Timp de preparare: 10 minute
Timp de gătire: 25 minute
Porții: 6

Ingrediente:
- 2 cani de faina integrala
- 1 cana de capsuni tocate
- ½ linguriță de bicarbonat de sodiu
- ½ cană zahăr de cocos
- ¾ cană lapte de cocos
- ¼ cană ulei de cocos, topit
- 2 ouă, bătute
- 1 lingurita extract de vanilie
- Spray de gatit

Instrucțiuni:
1. Într-un castron, amestecați făina cu căpșunile și celelalte ingrediente, cu excepția spray-ului de Coca Cola și bateți bine.
2. Acoperiți o tavă de tort cu spray de gătit, turnați amestecul de tort, întindeți, coaceți la 350 de grade F timp de 25 de minute, răciți, tăiați și serviți.

Nutriție: Calorii 465, grăsimi 22,1, fibre 4, carbohidrați 18,3, proteine 13,4

budinca de cacao

Timp de preparare: 10 minute
Timp de preparare: 10 minute
Porții: 4

Ingrediente:
- 2 linguri de zahar de cocos
- 3 linguri de faina de cocos
- 2 linguri de cacao pudră
- 2 cani de lapte de migdale
- 2 ouă, bătute
- ½ linguriță extract de vanilie

Instrucțiuni:
1. Se toarnă laptele într-o cratiță, se adaugă cacao și alte ingrediente, se amestecă, se fierbe la foc mediu timp de 10 minute, se toarnă în căni mici și se servește rece.

Nutriție: Calorii 385, grăsimi 31,7, fibre 5,7, carbohidrați 21,6, proteine 7,3

Crema de vanilie cu nucsoara

Timp de preparare: 10 minute
Timp de preparare: 0 minute
Porții: 6

Ingrediente:
- 3 cani de lapte degresat
- 1 lingurita nucsoara, macinata
- 2 lingurite de extract de vanilie
- 4 lingurite de zahar de cocos
- 1 cana nuci, tocate

Instrucțiuni:
1. Amestecam laptele cu nucsoara si celelalte ingrediente intr-un bol, batem bine, impartim in pahare si servim rece.

Nutriție: calorii 243, grăsimi 12,4, fibre 1,5, carbohidrați 21,1, proteine 9,7

crema de avocado

Timp de configurare: 1 oră și 10 minute

Timp de preparare: 0 minute
Porții: 4

Ingrediente:
- 2 cesti crema de cocos
- 2 avocado, decojite, fără sâmburi și piure
- 2 linguri de zahar de cocos
- 1 lingurita extract de vanilie

Instrucțiuni:
1. Amestecați smântâna cu avocado și alte ingrediente într-un blender, bateți bine, împărțiți în căni mici și lăsați la frigider timp de 1 oră înainte de servire.

Nutriție: Calorii 532, grăsimi 48,2, fibre 9,4, carbohidrați 24,9, proteine 5,2

crema de zmeura

Timp de preparare: 10 minute
Timp de gătire: 25 minute
Porții: 4

Ingrediente:
- 2 linguri de faina de migdale
- 1 cana crema de cocos
- 3 căni de zmeură
- 1 cană zahăr de cocos
- 8 uncii cremă de brânză cu conținut scăzut de grăsimi

Instrucțiuni:
1. Puneți făina într-un castron cu smântână și alte ingrediente, bateți, transferați într-o tavă rotundă, coaceți la 360 de grade F timp de 25 de minute, împărțiți în boluri de servire și serviți.

Nutriție: Calorii 429, grăsimi 36,3, fibre 7,7, carbohidrați 21,3, proteine 7,8

salata de pepene verde

Timp de preparare: 4 minute
Timp de preparare: 0 minute
Porții: 4

Ingrediente:
- 1 cană de pepene verde, decojit și tăiat cubulețe
- 2 mere, fara samburi si tocate
- 1 lingura crema de cocos
- 2 banane, tăiate bucăți

Instrucțiuni:
1. Într-un bol, amestecați pepenele verde cu merele și alte ingrediente, amestecați și serviți.

Nutriție: Calorii 131, grăsimi 1,3, fibre 4,5, carbohidrați 31,9, proteine 1,3

Amestec de pere și nucă de cocos

Timp de preparare: 10 minute
Timp de preparare: 10 minute
Porții: 4

Ingrediente:
- 2 lingurite de suc de lamaie
- ½ cană cremă de cocos
- ½ cană nucă de cocos rasă
- 4 pere, fără sâmburi și tăiate cubulețe
- 4 linguri de zahar de cocos

Instrucțiuni:
1. Se amestecă perele cu sucul de lămâie și celelalte ingrediente într-o cratiță, se amestecă, se pun la foc mediu și se fierb timp de 10 minute.
2. Împărțiți în boluri și serviți rece.

Nutriție: Calorii 320, grăsimi 7,8, fibre 3, carbohidrați 6,4, proteine 4,7

Dulceata de la Apple

Timp de preparare: 10 minute
Timp de preparare: 15 minute
Porții: 4

Ingrediente:
- 5 linguri de zahar de cocos
- 2 căni de suc de portocale
- 4 mere, fără sâmburi și tăiate cubulețe

Instrucțiuni:
1. Se amestecă într-o cratiță merele cu zahărul și sucul de portocale, se amestecă, se pun la foc mediu, se fierb timp de 15 minute, se împart în boluri și se servesc rece.

Nutriție: Calorii 220, grăsimi 5,2, fibre 3, carbohidrați 5,6, proteine 5,6

tocană de caise

Timp de preparare: 10 minute
Timp de preparare: 15 minute
Porții: 4

Ingrediente:
- 2 căni de caise tăiate în jumătate
- 2 căni de apă
- 2 linguri de zahar de cocos
- 2 linguri de suc de lamaie

Instrucțiuni:
1. Se amestecă caisele cu apa și celelalte ingrediente într-o cratiță, se aruncă, se fierb la foc mediu timp de 15 minute, se împart în boluri și se servesc.

Nutriție: Calorii 260, grăsimi 6,2, fibre 4,2, carbohidrați 5,6, proteine 6

Amestec de lămâie cantalup

Timp de preparare: 10 minute
Timp de preparare: 10 minute
Porții: 4

Ingrediente:
- 2 cani de pepene galben, curatat de coaja si tocat grosier
- 4 linguri de zahar de cocos
- 2 lingurite de extract de vanilie
- 2 lingurite de suc de lamaie

Instrucțiuni:
1. Pepenele galben se amestecă cu zahărul și celelalte ingrediente într-o cratiță mică, se amestecă, se încălzește la foc mediu, se fierbe aproximativ 10 minute, se împarte în boluri și se servește rece.

Nutriție: Calorii 140, grăsimi 4, fibre 3,4, carbohidrați 6,7, proteine 5

crema cremoasa de rubarba

Timp de preparare: 10 minute
Timp de preparare: 14 minute
Porții: 4

Ingrediente:
- 1/3 cană cremă de brânză cu conținut scăzut de grăsimi
- ½ cană cremă de cocos
- 2 kilograme de rubarbă, tocată grosier
- 3 linguri de zahar de cocos

Instrucțiuni:
1. Se bat crema de branza cu crema de lapte si celelalte ingrediente in blender si se bate bine.
2. Împărțiți în căni mici, puneți la cuptor și coaceți la 350 de grade F timp de 14 minute.
3. Se serveste rece.

Nutriție: Calorii 360, grăsimi 14,3, fibre 4,4, carbohidrați 5,8, proteine 5,2

boluri cu ananas

Timp de preparare: 10 minute
Timp de preparare: 0 minute
Porții: 4

Ingrediente:
- 3 căni de ananas decojit și tocat
- 1 lingurita de seminte de chia
- 1 cana crema de cocos
- 1 lingurita extract de vanilie
- 1 lingura de menta, tocata

Instrucțiuni:
1. Amestecați ananasul cu smântâna și alte ingrediente într-un castron, aruncați-l, împărțiți-l în boluri mai mici și dați la frigider timp de 10 minute înainte de servire.

Nutriție: Calorii 238, grăsimi 16,6, fibre 5,6, carbohidrați 22,8, proteine 3,3

tocană de afine

Timp de preparare: 10 minute
Timp de preparare: 10 minute
Porții: 4

Ingrediente:
- 2 linguri de suc de lamaie
- 1 cană de apă
- 3 linguri de zahar de cocos
- 12 uncii de afine

Instrucțiuni:
1. Se amestecă afinele cu zahărul și alte ingrediente într-o cratiță, se aduce la fierbere și se fierbe la foc mediu timp de 10 minute.
2. Împărțiți în boluri și serviți.

Nutriție: Calorii 122, grăsimi 0,4, fibre 2,1, carbohidrați 26,7, proteine 1,5

Budincă de lămâie

Timp de preparare: 10 minute
Timp de preparare: 15 minute
Porții: 4

Ingrediente:
- 2 cesti crema de cocos
- suc de 1 lime
- Zest de 1 lime, ras
- 3 linguri ulei de cocos, topit
- 1 ou, batut
- 1 lingurita drojdie pudra

Instrucțiuni:
1. Într-un bol, amestecați smântâna cu sucul de lămâie și restul ingredientelor și bateți bine.
2. Împărțiți în rame mici, puneți la cuptor și coaceți la 360 de grade F timp de 15 minute.
3. Servește budinca rece.

Nutriție: Calorii 385, grăsimi 39,9, fibre 2,7, carbohidrați 8,2, proteine 4,2

crema de piersici

Timp de preparare: 10 minute
Timp de preparare: 0 minute
Porții: 4

Ingrediente:
- 3 cesti crema de cocos
- 2 piersici fără sâmburi și tocate
- 1 lingurita extract de vanilie
- ½ cană migdale, tocate

Instrucțiuni:
1. Bateți smântâna și celelalte ingrediente într-un blender, bateți bine, împărțiți în boluri mici și serviți rece.

Nutriție: calorii 261, grăsimi 13, fibre 5,6, carbohidrați 7, proteine 5,4

Amestec de scorțișoară și prune

Timp de preparare: 10 minute
Timp de preparare: 15 minute
Porții: 4

Ingrediente:
- 1 kilogram de prune, fără sâmburi și tăiate la jumătate
- 2 linguri de zahar de cocos
- ½ linguriță de scorțișoară pudră
- 1 cană de apă

Instrucțiuni:
1. Amestecați prunele cu zahărul și celelalte ingrediente într-o cratiță, aduceți la fierbere și fierbeți la foc mediu timp de 15 minute.
2. Împărțiți în boluri și serviți rece.

Nutriție: Calorii 142, grăsimi 4, fibre 2,4, carbohidrați 14, proteine 7

Mere Chia și Vanilie

Timp de preparare: 10 minute
Timp de preparare: 10 minute
Porții: 4

Ingrediente:
- 2 căni de mere, fără sâmburi și feliate
- 2 linguri de seminte de chia
- 1 lingurita extract de vanilie
- 2 cesti de suc de mere natural neindulcit

Instrucțiuni:
1. Se amestecă merele cu semințele de chia și alte ingrediente într-o cratiță mică, se aruncă, se fierb la foc mediu timp de 10 minute, se împart în boluri de servire și se servesc rece.

Nutriție: Calorii 172, grăsimi 5,6, fibre 3,5, carbohidrați 10, proteine 4,4

Budincă de orez și pere

Timp de preparare: 10 minute
Timp de gătire: 25 minute
Porții: 4

Ingrediente:
- 6 căni de apă
- 1 cană zahăr de cocos
- 2 căni de orez negru
- 2 pere, fără sâmburi și tăiate cubulețe
- 2 lingurițe de scorțișoară pudră

Instrucțiuni:
1. Se toarnă apa într-o cratiță, se pune la foc mediu-mare, se adaugă orezul, zahărul și alte ingrediente, se amestecă, se aduce la fierbere, se reduce focul la mediu și se fierbe timp de 25 de minute.
2. Împărțiți în boluri și serviți rece.

Nutriție: Calorii 290, grăsimi 13,4, fibre 4, carbohidrați 13,20, proteine 6,7

tocană de rubarbă

Timp de preparare: 10 minute
Timp de preparare: 15 minute
Porții: 4

Ingrediente:
- 2 cani de rubarba, tocata grosier
- 3 linguri de zahar de cocos
- 1 lingurita extract de migdale
- 2 căni de apă

Instrucțiuni:
1. Se amestecă rubarba cu celelalte ingrediente într-o cratiță, se aruncă, se pune la foc mediu, se fierbe timp de 15 minute, se împarte în boluri și se servește rece.

Nutriție: Calorii 142, grăsimi 4,1, fibre 4,2, carbohidrați 7, proteine 4

crema de rubarba

Timp de preparare: 1 ora
Timp de preparare: 10 minute
Porții: 4

Ingrediente:
- 2 cesti crema de cocos
- 1 cană rubarbă tocată
- 3 oua, batute
- 3 linguri de zahar de cocos
- 1 lingura suc de lamaie

Instrucțiuni:
1. Într-o cratiță mică, amestecați smântâna cu rubarba și alte ingrediente, bateți bine, gătiți la foc mediu timp de 10 minute, zdrobiți în blender, împărțiți-le în boluri și lăsați la frigider timp de 1 oră înainte de servire.

Nutriție: Calorii 230, grăsimi 8,4, fibre 2,4, carbohidrați 7,8, proteine 6

salata de afine

Timp de preparare: 5 minute
Timp de preparare: 0 minute
Porții: 4

Ingrediente:
- 2 căni de afine
- 3 linguri de menta, tocata
- 1 para, fara samburi si taiata cubulete
- 1 măr, fără sâmburi și tocat
- 1 lingură de zahăr de cocos

Instrucțiuni:
1. Într-un bol, amestecați afinele cu menta și alte ingrediente, amestecați și serviți rece.

Nutriție: Calorii 150, grăsimi 2,4, fibre 4, carbohidrați 6,8, proteine 6

Crema de curmale si banane

Timp de preparare: 5 minute
Timp de preparare: 0 minute
Porții: 4

Ingrediente:
- 1 cană lapte de migdale
- 1 banană decojită și tăiată felii
- 1 lingurita extract de vanilie
- ½ cană cremă de cocos
- curmale tocate

Instrucțiuni:
1. Mixați curmalele cu bananele și celelalte ingrediente într-un blender, amestecați bine, împărțiți în căni mici și serviți rece.

Nutriție: calorii 271, grăsimi 21,6, fibre 3,8, carbohidrați 21,2, proteine 2,7

chifle cu prune

Timp de preparare: 10 minute
Timp de gătire: 25 minute
Porții: 12

Ingrediente:
- 3 linguri ulei de cocos, topit
- ½ cană lapte de migdale
- 4 oua, batute
- 1 lingurita extract de vanilie
- 1 cană făină de migdale
- 2 lingurițe de scorțișoară pudră
- ½ linguriță de praf de copt
- 1 cană de prune uscate fără sâmburi și mărunțite

Instrucțiuni:
1. Amestecați uleiul de cocos cu laptele de migdale și alte ingrediente într-un castron și amestecați bine.
2. Împărțiți într-o tavă de brioșe, puneți la cuptorul la 350 de grade F și coaceți timp de 25 de minute.
3. Serviți chiflele reci.

Nutriție: Calorii 270, grăsimi 3,4, fibre 4,4, carbohidrați 12, proteine 5

Boluri cu prune uscate și stafide

Timp de preparare: 10 minute
Timp de preparare: 20 de minute
Porții: 4

Ingrediente:
- ½ kilogram de prune, fără sâmburi și tăiate la jumătate
- 2 linguri de zahar de cocos
- 4 linguri de stafide
- 1 lingurita extract de vanilie
- 1 cana crema de cocos

Instrucțiuni:
1. Se amestecă prunele cu zahărul și celelalte ingrediente într-o cratiță, se aduce la fierbere și se fierbe la foc mediu timp de 20 de minute.
2. Împărțiți în boluri și serviți.

Nutriție: Calorii 219, grăsimi 14,4, fibre 1,8, carbohidrați 21,1, proteine 2,2

batoane de floarea soarelui

Timp de preparare: 10 minute
Timp de preparare: 20 de minute
Porții: 6

Ingrediente:
- 1 cană de făină de cocos
- ½ linguriță de bicarbonat de sodiu
- 1 lingura de seminte de in
- 3 linguri lapte de migdale
- 1 cană de semințe de floarea soarelui
- 2 linguri ulei de cocos, topit
- 1 lingurita extract de vanilie

Instrucțiuni:
1. Se amestecă făina cu bicarbonatul de sodiu și celelalte ingrediente într-un bol, se amestecă bine, se întinde pe o foaie de copt, se presează bine, se coace la 350 de grade F timp de 20 de minute, se lasă să se răcească, se taie în batoane. si serveste.

Nutriție:calorii 189, grăsimi 12,6, fibre 9,2, carbohidrați 15,7, proteine 4,7

Boluri cu afine și caju

Timp de preparare: 10 minute
Timp de preparare: 0 minute
Porții: 4
Ingrediente:

- 1 cană de nuci caju
- 2 căni de mure
- ¾ cană cremă de cocos
- 1 lingurita extract de vanilie
- 1 lingură de zahăr de cocos

Instrucțiuni:

1. Într-un bol, amestecați caju cu fructe și alte ingrediente, amestecați, împărțiți în boluri mici și serviți.

Nutriție: Calorii 230, grăsimi 4, fibre 3,4, carbohidrați 12,3, proteine 8

Boluri cu portocale și mandarine

Timp de preparare: 4 minute
Timp de preparare: 8 minute
Porții: 4

Ingrediente:
- 4 portocale, decojite și tăiate rondele
- 2 mandarine decojite și tăiate felii
- suc de 1 lime
- 2 linguri de zahar de cocos
- 1 cană de apă

Instrucțiuni:
1. Combinați portocalele cu mandarine și alte ingrediente într-o cratiță, aduceți la fierbere și gătiți la foc mediu timp de 8 minute.
2. Împărțiți în boluri și serviți rece.

Nutriție: Calorii 170, grăsimi 2,3, fibre 2,3, carbohidrați 11, proteine 3,4

Crema de dovleac

Timp de preparare: 2 ore
Timp de preparare: 0 minute
Porții: 4

Ingrediente:
- 2 cesti crema de cocos
- 1 cană de piure de dovleac
- 14 uncii cremă de nucă de cocos
- 3 linguri de zahar de cocos

Instrucțiuni:
1. Amestecați smântâna cu piureul de dovleac și celelalte ingrediente într-un castron, bateți bine, împărțiți în boluri mici și lăsați la frigider 2 ore înainte de servire.

Nutriție: Calorii 350, grăsimi 12,3, fibre 3, carbohidrați 11,7, proteine 6

Un amestec de smochine și rubarbă

Timp de preparare: 6 minute
Timp de preparare: 14 minute
Porții: 4

Ingrediente:
- 2 linguri ulei de cocos, topit
- 1 cană de rubarbă, tocată grosier
- 12 smochine tăiate în jumătate
- ¼ cană zahăr de cocos
- 1 cană de apă

Instrucțiuni:
1. Se încălzește o tigaie cu ulei de măsline la foc mediu, se adaugă smochinele și alte ingrediente, se amestecă, se fierbe timp de 14 minute, se împarte în căni mici și se servesc rece.

Nutriție: Calorii 213, grăsimi 7,4, fibre 6,1, carbohidrați 39, proteine 2,2

banane picante

Timp de preparare: 4 minute
Timp de preparare: 15 minute
Porții: 4

Ingrediente:
- 4 banane, decojite și tăiate în jumătate
- 1 lingurita nucsoara, macinata
- 1 lingurita de scortisoara pudra
- suc de 1 lime
- 4 linguri de zahar de cocos

Instrucțiuni:
1. Așezați bananele pe o foaie de copt, adăugați nucșoară și alte ingrediente, coaceți la 350 de grade F timp de 15 minute.
2. Împărțiți bananele prăjite între farfurii și serviți.

Nutriție: Calorii 206, grăsimi 0,6, fibre 3,2, carbohidrați 47,1, proteine 2,4

cocktail de cacao

Timp de preparare: 5 minute
Timp de preparare: 0 minute
Porții: 2

Ingrediente:

- 2 lingurite pudra de cacao
- 1 avocado, fără sâmburi, curățat de coajă și piure
- 1 cană lapte de migdale
- 1 cana crema de cocos

Instrucțiuni:

1. Amestecați laptele de migdale cu smântâna și celelalte ingrediente într-un blender, bateți bine, împărțiți în pahare mici și serviți rece.

Nutriție: Calorii 155, grăsimi 12,3, fibre 4, carbohidrați 8,6, proteine 5

batoane cu banane

Timp de preparare: 30 minute
Timp de preparare: 0 minute
Porții: 4
Ingrediente:

- 1 cană ulei de cocos, topit
- 2 banane, curatate de coaja si taiate felii
- 1 avocado, decojit, fără sâmburi și piure
- ½ cană zahăr de cocos
- ¼ cană suc de lămâie
- 1 lingurita coaja de lamaie, rasa
- Spray de gatit

Instrucțiuni:

1. Într-un robot de bucătărie, combinați bananele cu uleiul și alte ingrediente, cu excepția spray-ului de gătit, și amestecați bine.
2. Se unge o tava de copt cu spray, se toarna si se intinde amestecul de banane, se acopera, se da la frigider pentru 30 de minute, se taie batoane si se serveste.

Nutriție: Calorii 639, grăsimi 64,6, fibre 4,9, carbohidrați 20,5, proteine 1,7

Batoane cu ceai verde și curmale

Timp de preparare: 10 minute
Timp de preparare: 30 minute
Porții: 8

Ingrediente:
- 2 lingurite praf de ceai verde
- 2 căni de lapte de cocos, încălzit
- ½ cană ulei de cocos, topit
- 2 căni de zahăr de cocos
- 4 oua, batute
- 2 lingurite de extract de vanilie
- 3 căni de făină de migdale
- 1 lingurita de bicarbonat de sodiu
- 2 lingurițe de praf de copt

Instrucțiuni:
1. Combinați laptele de cocos cu praful de ceai verde și ingredientele rămase într-un castron, amestecați bine, turnați într-o formă pătrată, întindeți, coaceți, coaceți la 350 de grade F timp de 30 de minute, răciți, feliați. în baruri și servește.

Nutriție: Calorii 560, grăsimi 22,3, fibre 4, carbohidrați 12,8, proteine 22,1

crema de nuca

Timp de preparare: 2 ore
Timp de preparare: 0 minute
Porții: 4

Ingrediente:
- 2 cani de lapte de migdale
- ½ cană cremă de cocos
- ½ cană nuci, tocate
- 3 linguri de zahar de cocos
- 1 lingurita extract de vanilie

Instrucțiuni:
1. Amestecați laptele de migdale cu smântâna și celelalte ingrediente într-un bol, bateți bine, împărțiți în căni mici și dați la frigider timp de 2 ore înainte de servire.

Nutriție: Calorii 170, grăsimi 12,4, fibre 3, carbohidrați 12,8, proteine 4

Tort cu lamaie

Timp de preparare: 10 minute
Timp de preparare: 35 min
Porții: 6

Ingrediente:
- 2 cani de faina integrala
- 1 lingurita drojdie pudra
- 2 linguri ulei de cocos, topit
- 1 ou, batut
- 3 linguri de zahar de cocos
- 1 cană lapte de migdale
- 1 coaja de lamaie, rasa
- 1 suc de lamaie

Instrucțiuni:
1. Se amestecă făina cu uleiul și celelalte ingrediente într-un bol, se bate bine, se transferă pe o tavă de copt și se coace la 360 de grade F timp de 35 de minute.
2. Se taie si se serveste rece.

Nutriție: Calorii 222, grăsimi 12,5, fibre 6,2, carbohidrați 7, proteine 17,4

batoane cu stafide

Timp de preparare: 10 minute
Timp de gătire: 25 minute
Porții: 6

Ingrediente:
- 1 lingurita de scortisoara pudra
- 2 căni de făină de migdale
- 1 lingurita drojdie pudra
- ½ lingurita nucsoara, macinata
- 1 cană ulei de cocos, topit
- 1 cană zahăr de cocos
- 1 ou, batut
- 1 cană de stafide

Instrucțiuni:
1. Amestecam faina cu scortisoara si celelalte ingrediente intr-un bol, amestecam bine, intindem pe o tava, dam la cuptor, coacem la 380 de grade F timp de 25 de minute, taiati fasii si serviti rece.

Nutriție: Calorii 274, grăsimi 12, fibre 5,2, carbohidrați 14,5, proteine 7

pătrate de nectarine

Timp de preparare: 10 minute
Timp de preparare: 20 de minute
Porții: 4

Ingrediente:
- 3 nectarine, fără sâmburi și tocate
- 1 lingură de zahăr de cocos
- ½ linguriță de bicarbonat de sodiu
- 1 cană făină de migdale
- 4 linguri ulei de cocos, topit
- 2 linguri de cacao pudră

Instrucțiuni:
1. Amestecați nectarinele cu zahărul și ingredientele rămase într-un blender, amestecați bine, turnați într-o tavă pătrată tapetată, întindeți, coaceți la 375 de grade F timp de 20 de minute, lăsați amestecul să se răcească ușor. , Tăiați în pătrate și serviți.

Nutriție: Calorii 342, grăsimi 14,4, fibre 7,6, carbohidrați 12, proteine 7,7

tocană de struguri

Timp de preparare: 10 minute
Timp de preparare: 20 de minute
Porții: 4

Ingrediente:
- 1 cană de struguri verzi
- Suc de ½ lime
- 2 linguri de zahar de cocos
- 1 cană și jumătate de apă
- 2 lingurite de cardamom pudra

Instrucțiuni:
1. Se încălzește o tigaie cu apă la foc mediu, se adaugă strugurii și alte ingrediente, se aduce la fierbere, se fierbe timp de 20 de minute, se împarte în boluri și se servește.

Nutriție: Calorii 384, grăsimi 12,5, fibre 6,3, carbohidrați 13,8, proteine 5,6

crema de mandarine si prune

Timp de preparare: 10 minute
Timp de preparare: 20 de minute
Porții: 4

Ingrediente:
- 1 mandarina decojita si tocata
- ½ kilogram de prune uscate, fără sâmburi și tocate
- 1 cana crema de cocos
- 2 suc de mandarine
- 2 linguri de zahar de cocos

Instrucțiuni:
1. Se amestecă mandarinele cu prunele uscate și restul ingredientelor într-un blender, se amestecă bine, se rupe în bucăți mici, se dă la cuptor, se coace la 350 de grade F timp de 20 de minute și se servește rece.

Nutriție: Calorii 402, grăsimi 18,2, fibre 2, carbohidrați 22,2, proteine 4,5

Crema de cirese si capsuni

Timp de preparare: 10 minute
Timp de preparare: 0 minute
Porții: 6

Ingrediente:
- 1 kilogram de cireșe fără sâmburi
- 1 cana de capsuni tocate
- ¼ cană zahăr de cocos
- 2 cesti crema de cocos

Instrucțiuni:
1. Amestecați cireșele cu celelalte ingrediente într-un blender, amestecați bine, împărțiți în pahare și serviți rece.

Nutriție: Calorii 342, grăsimi 22,1, fibre 5,6, carbohidrați 8,4, proteine 6,5

Nucă de cardamom și budincă de orez

Timp de preparare: 5 minute
Timp de gătire: 40 de minute
Porții: 4

Ingrediente:
- 1 cană de orez basmati
- 3 căni de lapte de migdale
- 3 linguri de zahar de cocos
- ½ linguriță cardamom pudră
- ¼ cană nuci, tocate

Instrucțiuni:
1. Amestecați orezul cu laptele și celelalte ingrediente într-o cratiță, amestecați, gătiți 40 de minute la foc mediu, împărțiți în boluri și serviți rece.

Nutriție: Calorii 703, grăsimi 47,9, fibre 5,2, carbohidrați 62,1, proteine 10,1

pâine de pere

Timp de preparare: 10 minute
Timp de preparare: 30 minute
Porții: 4

Ingrediente:
- 2 căni de pere, fără sâmburi și tăiate cubulețe
- 1 cană zahăr de cocos
- 2 ouă, bătute
- 2 căni de făină de migdale
- 1 lingura de praf de copt
- 1 lingura ulei de cocos, topit

Instrucțiuni:
1. Se amestecă perele cu zaharul și alte ingrediente într-un castron, se bate, se toarnă în tava de copt, se pun la cuptor și se coace la 350 de grade F timp de 30 de minute.
2. Se taie si se serveste rece.

Nutriție: Calorii 380, grăsimi 16,7, fibre 5, carbohidrați 17,5, proteine 5,6

Budincă de orez și cireșe

Timp de preparare: 10 minute
Timp de gătire: 25 minute
Porții: 4

Ingrediente:
- 1 lingura ulei de cocos, topit
- 1 cană de orez alb
- 3 căni de lapte de migdale
- ½ cană de cireșe, fără sâmburi și tăiate la jumătate
- 3 linguri de zahar de cocos
- 1 lingurita de scortisoara pudra
- 1 lingurita extract de vanilie

Instrucțiuni:
1. Se amestecă uleiul cu orezul și celelalte ingrediente într-o tigaie, se amestecă, se aduce la fierbere, se fierbe 25 de minute la foc mediu, se împarte în boluri și se servește rece.

Nutriție: Calorii 292, grăsimi 12,4, fibre 5,6, carbohidrați 8, proteine 7

tocană de pepene verde

Timp de preparare: 5 minute
Timp de preparare: 8 minute
Porții: 4

Ingrediente:
- suc de 1 lime
- 1 lingurita coaja de lamaie, rasa
- 1 cană și jumătate de zahăr de cocos
- 4 căni de pepene verde, decojit și tăiat în bucăți mari
- 1 cană și jumătate de apă

Instrucțiuni:
1. Se amestecă pepenele verde cu coaja de lămâie într-o cratiță și se amestecă celelalte ingrediente, se pun la foc mediu, se fierb timp de 8 minute, se împart în boluri și se servesc rece.

Nutriție:: calorii 233, grăsimi 0,2, fibre 0,7, carbohidrați 61,5, proteine 0,9

budincă de ghimbir

Timp de preparare: 1 ora
Timp de preparare: 0 minute
Porții: 4

Ingrediente:
- 2 cani de lapte de migdale
- ½ cană cremă de cocos
- 2 linguri de zahar de cocos
- 1 lingura de ghimbir, ras
- ¼ cană semințe de chia

Instrucțiuni:
1. Amestecați laptele cu smântâna și celelalte ingrediente într-un castron, bateți bine, împărțiți în căni mici și lăsați la frigider 1 oră înainte de servire.

Nutriție: Calorii 345, grăsimi 17, fibre 4,7, carbohidrați 11,5, proteine 6,9

crema de caju

Timp de preparare: 2 ore
Timp de preparare: 0 minute
Porții: 4

Ingrediente:
- 1 cană nuci caju tocate
- 2 linguri ulei de cocos, topit
- 2 linguri ulei de cocos, topit
- 1 cana crema de cocos
- linguri de suc de lamaie
- 1 lingură de zahăr de cocos

Instrucțiuni:
1. Bateți nucile caju cu uleiul de cocos și alte ingrediente într-un blender, bateți bine, împărțiți-le în căni mici și lăsați la frigider timp de 2 ore înainte de servire.

Nutriție: Calorii 480, grăsimi 43,9, fibre 2,4, carbohidrați 19,7, proteine 7

prăjituri de cânepă

Timp de preparare: 30 minute
Timp de preparare: 0 minute
Porții: 6

Ingrediente:
- 1 cană migdale, înmuiate peste noapte și scurse
- 2 linguri de cacao pudră
- 1 lingură de zahăr de cocos
- ½ cană semințe de cânepă
- ¼ cană nucă de cocos rasă
- ½ cană de apă

Instrucțiuni:
1. Se combină migdalele cu pudra de cacao și alte ingrediente în robotul de bucătărie, se amestecă bine, se tapetează o foaie de copt, se dă la frigider pentru 30 de minute, se feliază și se servește.

Nutriție: Calorii 270, grăsimi 12,6, fibre 3, carbohidrați 7,7, proteine 7

Boluri cu migdale și rodii

Timp de preparare: 2 ore
Timp de preparare: 0 minute
Porții: 4

Ingrediente:
- ½ cană cremă de cocos
- 1 lingurita extract de vanilie
- 1 cana migdale, tocate
- 1 cană de semințe de rodie
- 1 lingură de zahăr de cocos

Instrucțiuni:
1. Se amestecă migdalele cu smântână și alte ingrediente într-un bol, se amestecă, se împart în boluri mici și se servește.

Nutriție: Calorii 258, grăsimi 19, fibre 3,9, carbohidrați 17,6, proteine 6,2

Pulpe de pui si legume rozmarin

Timp de preparare: 10 minute
Timp de gătire: 40 de minute
Porții: 4

Ingrediente:
- 2 kg piept de pui fără piele, dezosat, tăiat cubulețe
- 1 morcov, tăiat cubulețe
- 1 tulpina de telina, tocata
- 1 roșie, tăiată cubulețe
- 2 cepe roșii mici, tocate
- 1 dovlecel, tăiat cubulețe
- 2 catei de usturoi, tocati
- 1 lingura rozmarin, tocat
- 2 linguri de ulei de măsline
- piper negru după gust
- ½ cană bulion de legume cu conținut scăzut de sodiu

Instrucțiuni:
1. Se incinge o tigaie cu ulei de masline la foc mediu, se adauga ceapa si usturoiul, se amesteca si se calesc 5 minute.
2. Adăugați puiul, amestecați și gătiți încă 5 minute.
3. Adăugați morcovul și alte ingrediente, amestecați, aduceți la fierbere și fierbeți la foc mediu timp de 30 de minute.
4. Împărțiți amestecul în farfurii și serviți.

Nutriție: Calorii 325, grăsimi 22,5, fibre 6,1, carbohidrați 15,5, proteine 33,2

Pui cu morcovi și varză

Timp de preparare: 10 minute
Timp de gătire: 25 minute
Porții: 4

Ingrediente:
- 1 kilogram de piept de pui fără piele, dezosat, tăiat cubulețe
- 2 linguri de ulei de măsline
- 2 morcovi, curatati si rasi
- 1 lingurita boia dulce
- ½ cană bulion de legume cu conținut scăzut de sodiu
- 1 cap de varza rosie, tocata
- 1 ceapa galbena, tocata
- piper negru după gust

Instrucțiuni:
1. Se incinge o tigaie cu ulei la foc mediu, se adauga ceapa, se amesteca si se caleste 5 minute.
2. Adăugați carnea și gătiți încă 5 minute.
3. Adăugați morcovul și alte ingrediente, amestecați, aduceți la fierbere și gătiți la foc mediu timp de 15 minute.
4. Împărțiți totul în farfurii și serviți.

Nutriție: Calorii 370, grăsimi 22,2, fibre 5,2, carbohidrați 44,2, proteine 24,2

Sandviș cu vinete și curcan

Timp de preparare: 10 minute
Timp de gătire: 25 minute
Porții: 4

Ingrediente:
- 1 piept de curcan fără piele și dezosat, tăiat în 4 bucăți
- 1 vinete, taiata in 4 felii
- piper negru după gust
- 1 lingura ulei de masline
- 1 lingura oregano, tocat
- ½ cană sos de roșii cu conținut scăzut de sodiu
- ½ cană brânză cheddar cu conținut scăzut de grăsimi, rasă
- 4 felii de pâine integrală

Instrucțiuni:
1. Se incinge un gratar la foc mediu-mare, se adauga feliile de curcan, se stropesc cu jumatate din ulei, se presara piper negru, se fierbe 8 minute pe fiecare parte si se aseaza pe o farfurie.
2. Se aranjează feliile de vinete pe grătarul preîncălzit, se stropesc cu uleiul rămas și se condimentează cu piper negru, se prăjesc 4 minute pe fiecare parte și se transferă în farfurie cu feliile de curcan.
3. Pe o suprafață de lucru se așează 2 felii de pâine, se împarte brânza în fiecare, se împarte vinetele și feliile de curcan în fiecare, se stropesc cu oregano, se stropesc cu sos și se pun celelalte 2 felii de pâine.
4. Împărțiți sandvișurile între farfurii și serviți.

Nutriție: Calorii 280, grăsimi 12,2, fibre 6, carbohidrați 14, proteine 12

www.ingramcontent.com/pod-product-compliance
Lightning Source LLC
Chambersburg PA
CBHW050344120526
44590CB00015B/1554